Les Trois Mousquetaires

Alexandre Dumas

TOME 2 : Au service de la Reine

Adaptation du texte : Henri Remachel

hachette
FRANÇAIS LANGUE ÉTRANGÈRE

CD audio

Durée : 2 h 23

Format MP3 : Les MP3 s'écoutent sur l'ordinateur, sur les baladeurs, les autoradios, les lecteurs CD et DVD fabriqués depuis 2004.

Enregistrements : LBP Studio, Malek Duchesne

Comédien : Michel Raimbault

Piste 1	*Chapitre 1*
Piste 2	*Chapitre 2*
Piste 3	*Chapitre 3*
Piste 4	*Chapitre 4*
Piste 5	*Chapitre 5*
Piste 6	*Chapitre 6*
Piste 7	*Chapitre 7*
Piste 8	*Chapitre 8*
Piste 9	*Chapitre 9*

Adaptation du texte : Henri Remachel

Rédaction du dossier pédagogique : Marie-Françoise Gliemann

Édition : Christine Delormeau

Maquette de couverture : Nicolas Piroux

Illustration de couverture : Nicolas Piroux

Maquette intérieure : Sophie Fournier-Villiot (Amarante)

Mise en pages : Atelier des 2 Ormeaux

Illustrations : Philippe Masson

Pour Hachette Éducation, le principe est d'utiliser des papiers composés de fibres naturelles, renouvelables, recyclables, fabriqués à partir de bois issus de forêts qui adoptent un système d'aménagement durable. En outre, Hachette Éducation attend de ses fournisseurs de papier qu'ils s'inscrivent dans une démarche de certification environnementale reconnue.

ISBN : 978-2-01-155962-3
© HACHETTE LIVRE 2013, 43, quai de Grenelle, 75905 Paris CEDEX 15.

SOMMAIRE

L'œuvre

SOMMAIRE

Activités

Fiches

Corrigés des activités

CHAPITRE 1

On a enlevé[1] Madame Bonacieux

À la sortie du Louvre[2], d'Artagnan partage[3] les deux cents pièces d'or reçues du roi, avec ses trois amis, Athos, Porthos et Aramis. Il prend l'habitude de vivre avec eux. Il les suit chez M. de Tréville ou au Louvre quand ils sont de service[4] et eux le suivent chez M. des Essarts. Ils mangent, boivent, sortent et jouent ensemble. Tout Paris connaît bientôt le garde d'Artagnan aussi bien que les trois courageux mousquetaires.

Mais, alors, les mousquetaires étaient peu payés, et les gardes l'étaient encore moins. Les deux cents pièces d'or sont vite dépensées[5] et les quatre jeunes gens n'ont plus d'argent. Ils doivent demander à dîner aux uns ou aux autres.

Un matin, d'Artagnan est seul et triste dans sa chambre, quand on frappe à la porte. Planchet, son serviteur, fait entrer un homme, bien, mais habillé simplement. D'Artagnan renvoie[6] Planchet et fait asseoir l'homme.

« Monsieur d'Artagnan, dit celui-ci, j'ai entendu parler de vous. Je sais que vous êtes brave et c'est pourquoi je viens vous voir.

– Parlez, Monsieur, parlez, répond d'Artagnan.

---

1 Enlever : prendre une personne de force et la mettre dans un endroit où personne ne puisse la trouver.
2 Le Louvre : le château des rois de France jusqu'en 1643. Aujourd'hui, le Louvre est l'un des plus grands musées du monde.
3 Partager : donner aux autres une partie de ce que l'on a.
4 Être de service : être en train de travailler.
5 Dépenser (son argent) : l'utiliser et en avoir moins ou plus du tout après.
6 Renvoyer : dire à quelqu'un de partir.

L'homme attend un moment, puis reprend :

« Ma femme, qui est servante chez la reine et qui est jeune et belle, a été enlevée hier matin…

— Par qui ? demande d'Artagnan, très intéressé.

— Je n'en sais rien, mais cependant j'ai vu une personne…

— Qui ?

— Je ne sais pas si je peux le dire.

— Monsieur, je ne vous demande rien, et ce n'est pas moi qui suis venu vous trouver. Si vous ne voulez rien me dire, il est encore temps de partir.

— Non, Monsieur, non. Vous avez l'air noble et brave. Je vais tout vous raconter : ma femme est belle, c'est vrai ; mais elle n'a pas été enlevée : elle a été arrêtée et à cause d'une plus grande dame qu'elle.

— Comment le savez-vous ?

— Par M. de la Porte, son oncle qui est aussi au service de la reine, la pauvre reine, que le roi laisse seule et que le Cardinal fait surveiller[7] jour et nuit.

— Et pourquoi ?

— Vous le savez bien, à cause du duc[8] de Buckingham.

— Ah oui ! dit d'Artagnan, qui ne sait rien du tout.

— La reine croit qu'on a écrit au duc une fausse lettre.

— Une fausse lettre ?

— Oui, on a écrit une lettre d'amour à la place de la reine pour le faire venir à Paris et pour la perdre[9]…

— Mais, Monsieur, qu'est-ce que votre femme fait dans cette affaire ?

— Elle aime la reine et la reine lui raconte tout. On le sait et on veut la faire parler ou se servir d'elle.

— Je comprends ; mais connaissez-vous l'homme qui l'a enlevée ?

— J'ai vu plusieurs fois un seigneur qui la suivait ; mais, je vous l'ai dit, je ne sais pas son nom.

— Comment est-il ?

— Grand, blanc de visage, les yeux et les cheveux très noirs.

— Sang dieu[10] ! crie d'Artagnan, c'est lui, mon homme de Meung.

— C'est votre homme, dites-vous ?

— Oui, oui ; c'est mon affaire… Comment avez-vous appris que votre femme a été enlevée ?

— Par M. de la Porte. Ce matin, j'ai reçu… mais j'ai peur de parler.

— Allons ! dites ou je ne m'occuperai pas de vous… Mais d'abord quel est votre nom ?

— Bonacieux.

— Vous vous appelez Bonacieux ? Il me semble que je connais ce nom.

---

7 Surveiller : suivre quelqu'un, souvent sans qu'il le sache, pour savoir ce qu'il fait.

8 Duc : un grand noble.

9 Perdre (quelqu'un) : montrer qu'il a fait une faute grave pour qu'il soit puni très sévèrement. Une reine de France n'a pas le droit d'écrire une lettre d'amour à un autre homme que le roi.

10 Sang dieu : interjection qui exprime la colère, l'étonnement.

— Cette maison est à moi.

— Ah ! Ah !

— Mais oui, et depuis trois mois que vous êtes chez moi, vous avez oublié de me payer... Je ne vous ai rien demandé. Ne l'avez-vous pas remarqué ?

— Bien sûr, mon cher ami, et si je peux vous aider à quelque chose...

— Merci, je vous crois. Mais sachez d'abord que j'ai reçu ce matin une lettre. »

Bonacieux tend un papier à d'Artagnan qui lit : « *Votre femme vous sera rendue quand on n'aura plus besoin d'elle. Si vous cherchez à*[11] *la retrouver tout de suite, vous êtes un homme mort*[12]. »

« Il n'y a pas de quoi avoir peur, dit d'Artagnan.

— Pour vous peut-être, répond Bonacieux. Mais moi, je ne suis ni jeune, ni brave, ni noble et je n'ai pas des amis comme les mousquetaires de M. de Tréville, l'ennemi du cardinal. J'en vois tous les jours chez vous et j'ai pensé que vous seriez heureux de servir la Reine... Et puis, vous me devez déjà beaucoup d'argent...

— Oui, oui, vous l'avez déjà dit.

— Vous pourrez toujours rester chez moi. Je ne vous demanderai jamais rien. Je suis même prêt à vous offrir cinquante pièces d'or.

— De mieux en mieux. Vous êtes donc riche, mon cher ?

— J'ai ce qu'il me faut. Ah ! mais !... Regardez ! Vite ! Là ! Dans la rue ! En face de vos fenêtres ! un homme... dans un manteau...

— C'est lui, crient à la fois d'Artagnan et Bonacieux.

— Celui qui suit ma femme, dit Bonacieux.

— L'homme de Meung ! dit d'Artagnan. Cette fois-ci, je le tiens[13] !... »

Le jeune homme est déjà dans l'escalier. Athos et Porthos, qui venaient le voir et montaient, le regardent passer. Ils lui demandent :

---

11 Chercher à : essayer de...

12 Vous êtes un homme mort : on va vous tuer. C'est une phrase qu'on dit à quelqu'un pour lui faire peur.

13 Je le tiens : il ne peut plus se sauver, je suis sûr de l'attraper.

« Où cours-tu ainsi ?

— L'homme de Meung ! », répète d'Artagnan et il disparaît.

Les deux mousquetaires pensent que leur ami les appellera s'il a besoin d'eux et continuent à monter. Dans la chambre, ils ne rencontrent personne. M. Bonacieux est déjà rentré chez lui, dans l'appartement du dessous.

Monsieur Bonacieux est arrêté

Athos et Porthos ne restent pas longtemps seuls. Aramis est bientôt près d'eux et quand d'Artagnan rentre, il trouve ses trois amis.

« Eh bien ? disent-ils en même temps.

— Eh bien ! répond d'Artagnan en jetant son épée sur le lit, une fois de plus l'homme a disparu. Je n'ai trouvé personne.

— Planchet, crie-t-il alors, je vous vois. Comme toujours, vous écoutez à la porte… Descendez chez M. Bonacieux et dites-lui de m'envoyer une demi-douzaine[14] de bouteilles de bon vin.

— Ah çà ! fait Porthos. Vous avez donc de l'argent ?

— Oui, et si le vin est mauvais, j'en enverrai chercher du meilleur.

— Il faut user[15], mais pas trop, dit Aramis de sa voix tranquille de bon élève.

— J'ai toujours pensé, remarque Athos, que d'Artagnan avait la tête la mieux faite[16] de nous tous et je suis prêt à le suivre où il voudra.

— Mais enfin, qu'est-ce qui arrive ? » fait Porthos.

D'Artagnan raconte ce qui vient de se passer.

« L'affaire est bonne, remarque Athos, et il n'est pas toujours facile de trouver cinquante pièces d'or ; mais le danger est grand. Le cardinal…

---

14 Une demi-douzaine : six. Une douzaine = 12.

15 User : se servir, utiliser ce qu'on nous donne. Ici, Aramis dit qu'il faut boire, mais pas trop.

16 Il a la tête la mieux faite : ici, c'est le plus intelligent.

— Ne pensons pas au danger, mais à la jolie Madame Bonacieux et à la reine. Le cardinal lui enlève tous ses amis les uns après les autres.

— Pourquoi n'aime-t-elle que les Espagnols et les Anglais ? dit alors Porthos.

— L'Espagne est son pays et ce ne sont pas les Anglais qu'elle aime, mais un Anglais.

— Et cet Anglais vaut d'être aimé[17], dit Athos. Je n'ai jamais vu plus beau et plus noble gentilhomme[18]. »

À ce moment, on entend les pas et la porte s'ouvre avec bruit. Un homme entre en courant. C'est Bonacieux.

« Ah ! Messieurs, crie-t-il, sauvez-moi ! Il y a quatre hommes qui viennent pour m'arrêter ; sauvez-moi ! »

Porthos et Aramis se lèvent et tirent leur épée[19].

---

17 Il vaut d'être aimé : il mérite d'être aimé.

18 Gentilhomme : un noble.

19 Tirer son épée : sortir son épée du fourreau, sorte de sac attaché à la taille où l'on rangeait l'épée.

« Un moment ! dit d'Artagnan, remettez vos épées au fourreau.

— Mais, dit Porthos, nous ne laisserons pas…

— Laissez faire d'Artagnan, coupe Athos. Il a raison… Il faut savoir choisir le moment de se battre. »

À ce moment, quatre gardes se montrent à la porte.

« Entrez, Messieurs, entrez, dit d'Artagnan. Vous êtes chez vous[20]. Voyez : nous sommes tous ici des serviteurs du roi et de M. le cardinal.

— Alors vous nous laisserez obéir aux ordres reçus[21], n'est-ce pas ? demande le chef des quatre hommes.

— Nous vous aiderons même s'il le faut.

— Mais qu'est-ce qu'il dit ? demande Porthos.

— Mais vous m'avez promis…, fait Bonacieux.

— Taisez-vous, lui dit d'Artagnan à l'oreille. Nous devons rester libres pour pouvoir vous sauver. Il y a sûrement d'autres gardes en bas de l'escalier. Il ne faut pas qu'on nous arrête. N'ayez pas peur. Vous serez rentré chez vous d'ici[22] un jour ou deux.

— Il me semble cependant…

— Entrez, Messieurs, répète d'Artagnan aux gardes. Je n'ai pas de raison de défendre cet homme. Je l'ai vu aujourd'hui pour la première fois et encore il me demande de l'argent. Est-ce vrai, Monsieur Bonacieux ? Répondez !

— C'est vrai ; mais monsieur ne vous dit pas…

— Silence, vous… Allons, Messieurs, emmenez cet homme et gardez-le longtemps en prison[23]. Cela me donnera du temps pour payer. »

Les gardes rient, boivent le vin que d'Artagnan leur offre et sortent en remerciant. Quand ils sont sortis, Porthos dit :

« D'Artagnan, qu'avez-vous fait ? Comment avez-vous pu

---

20 Vous êtes chez vous : phrase de politesse qui veut dire « Cette maison est la vôtre ».
21 Obéir aux ordres reçus : faire ce que notre chef nous a dit.
22 D'ici deux jours : dans deux jours au plus.
23 Prison : endroit où la police garde ceux qui ont fait des fautes graves.

laisser arrêter au milieu de nous un homme qui nous demandait de l'aider ?

– Porthos, répond Aramis, je te l'ai toujours dit : tu ne comprends jamais rien. D'Artagnan est un grand homme[24]. Il a raison.

– Ce n'est pas possible…

– Et maintenant, Messieurs, dit d'Artagnan sans répondre lui-même à Porthos, et comme s'il commandait depuis qu'il était né, partons chacun de notre côté et essayons de retrouver Madame Bonacieux. Nous penserons au mari après. Mais attention, nous avons maintenant un ennemi terrible : le cardinal ! »

---

24 Un grand homme : un homme bien, mieux que la plupart des autres, il a beaucoup de qualités : l'honnêteté, la noblesse, le courage, l'intelligence, etc.

CHAPITRE 2

Un conseil[1] de M. de la Porte

Depuis toujours, quand un roi ou un premier ministre veulent savoir ce que fait quelqu'un, on l'arrête loin de chez lui et on fait surveiller sa maison. On laisse entrer ses amis et on les arrête à leur tour sans bruit. Au bout de quelques jours, ils sont tous en prison et on apprend ce qu'on veut savoir.

Ainsi font les agents du cardinal dans la maison des Bonacieux. Mais un escalier par derrière conduit aussi à la chambre de d'Artagnan et ses amis continuent à venir le voir librement.

Ceux-ci ne peuvent apprendre ce qu'est devenue Madame Bonacieux et Athos finit par en parler à M. de Tréville. Le chef des mousquetaires ne sait rien. Il a seulement remarqué que depuis quelques jours le roi et le cardinal ont l'air sombre[2] et que la reine a les yeux plus rouges que d'habitude.

D'Artagnan, lui, ne quitte plus sa chambre. Il voit des gens entrer chez les Bonacieux, mais personne en sortir. Il enlève une planche du plancher[3], écoute et entend poser à chaque personne arrêtée les mêmes questions.

Aucune d'elles ne répond quelque chose d'intéressant ; mais, le troisième jour, à neuf heures du soir, d'Artagnan entend frapper à la porte de la rue. Vite, il enlève la planche. Il entend une femme crier : « Mais je vous dis que je suis la maîtresse de maison[4],

---

1 Un conseil : donner un conseil, c'est aider quelqu'un en lui disant ce qu'on pense qu'il doit faire.
2 Sombre : ici, triste, peu content.
3 Le plancher : sol fait de planches (bouts de bois plats étroits et longs).
4 La maîtresse de maison : la femme qui habite et dirige la maison.

Messieurs. Je vous dis que je suis Madame Bonacieux et que je suis au service de la reine. »

« Madame Bonacieux ! pense d'Artagnan. Je l'ai donc trouvée sans quitter ma chambre. »

« Madame Bonacieux ! mais c'est vous que nous attendions », disent les hommes.

Puis d'Artagnan entend tomber une chaise, une table.

« Ils sont en train de lui attacher[5] les mains », pense le jeune homme.

« Mon épée ! crie-t-il alors. Planchet, vite ! »

Puis il saute par la fenêtre, roule sur le sol sans se blesser, se relève et frappe à la porte. Elle s'ouvre ; il entre l'épée à la main. La porte se ferme derrière lui ; mais alors les voisins entendent un bruit terrible. Des chaises cassent. Des vitres[6] tombent. Des épées sonnent[7] et au bout d'un très court moment, la porte se rouvre et quatre hommes aux habits déchirés[8] et du sang sur les mains ou la figure[9] sortent en courant.

D'Artagnan voit étendue[10] sur le sol une jolie femme de vingt-cinq à vingt-six ans. Elle a les cheveux bruns et les yeux bleus. Le nez est petit. Les dents sont bien blanches. La peau du visage est rose. Près d'elle se trouve un mouchoir[11]. D'Artagnan le ramasse[12] et le remet dans la poche de la jeune femme. C'est le même mouchoir que celui qu'il a vu sous le pied d'Aramis. Une servante ne peut se servir d'un mouchoir aussi beau…

À ce moment, Madame Bonacieux rouvre les yeux, se lève et tend les mains à d'Artagnan.

---

5 Attacher : mettre une corde autour de ses mains pour qu'elle ne puisse plus les bouger.
6 Une vitre : verre qu'on met sur les fenêtres.
7 Les épées sonnent : on se bat à l'épée.
8 Déchiré : en morceaux.
9 La figure : le visage.
10 Étendue : couchée.
11 Un mouchoir : bout de tissu qu'on utilise pour s'essuyer ou se moucher le nez.
12 Ramasser : prendre quelque chose qui était par terre.

« Ah ! Monsieur ! dit-elle. Vous m'avez sauvée. Merci !

— Madame, dit d'Artagnan, tout gentilhomme aurait fait comme moi. Ne me remerciez donc pas.

— Oh ! si !… Mais que me voulaient ces hommes et pourquoi M. Bonacieux n'est-il pas ici ?

— Madame, ces hommes sont des agents du cardinal. Ils ont arrêté votre mari hier.

— Le pauvre cher homme ! Comment est-ce possible ?

— Sa seule faute me paraît, Madame, d'avoir le bonheur[13] ou le malheur[14] d'être votre mari.

— Mais, Monsieur, vous savez donc…

— Je sais que vous avez été enlevée, Madame.

— Et par qui ? Oh ! si vous le savez, dites-le-moi !

— Par un homme de quarante à quarante-cinq ans, aux cheveux noirs…

— C'est cela, c'est cela ; mais son nom ?

— Ah ! son nom ? je ne le connais pas… Mais comment avez-vous pu vous sauver ?

— On m'a laissée un moment seule. J'ai pris deux draps[15]. Je les ai attachés ensemble et je suis descendue par la fenêtre. Alors je suis venue retrouver mon mari.

— Pour qu'il vous défende ?

— Oh ! non, le pauvre cher homme ! il n'est pas fait pour se battre[16], dit la jeune femme en souriant ; mais je voulais le prévenir[17].

— De quoi ?

— Je ne peux pas vous le dire.

— Vous avez raison de ne pas vouloir parler plus longtemps ici,

---

13 Un bonheur : quelque chose qui rend heureux.
14 Un malheur : quelque chose qui rend malheureux.
15 Un drap : un grand morceau de tissu qu'on met sur le lit.
16 Il n'est pas fait pour… : il n'a pas les qualités pour faire cela. Ça ne lui plaît pas et, en plus, il le fait très mal.
17 Prévenir : dire à quelqu'un une chose avant qu'elle n'arrive.

Madame, répond d'Artagnan en souriant à son tour. Les agents du cardinal vont revenir en grand nombre. S'ils nous trouvent, nous sommes perdus.

— Oui, oui, vous avez raison, dit Mme Bonacieux, en prenant le bras[18] de d'Artagnan.

— Mais où aller ?

— Partons toujours, après nous verrons. »

Les deux jeunes gens sortent et marchent quelques centaines de mètres sans parler.

« Et maintenant qu'allons-nous faire, demande d'Artagnan, et où voulez-vous que je vous conduise[19] ?

— Il faut prévenir M. de la Porte au Louvre et savoir si je peux revenir auprès de la reine. Mais je n'ose pas y aller !

— Mais moi, je le peux, dit d'Artagnan.

— Sans doute. Mais on ne vous connaît pas et on vous fermera la porte au nez[20].

— Vous connaissez sûrement un garde et le mot de passe[21] qui permet d'entrer. »

La jeune femme regarde le jeune homme avec attention. Puis elle répond :

« Et si je vous disais ce mot, est-ce que vous l'oublierez après vous en être servi ?

— Je vous le promets.

— Je vous crois. Vous avez l'air d'un brave jeune homme. Mais où pourrai-je vous attendre ? Moi, je ne connais personne qui soit sûr[22]…

— J'ai ce qu'il vous faut. Nous sommes devant la maison de mon

---

18 Prendre le bras de quelqu'un : le tenir par le bras en marchant.

19 Conduire : emmener.

20 On vous fermera la porte au nez : on ne vous laissera pas entrer.

21 Mot de passe : mot secret qui permet à quelqu'un d'entrer quelque part.

22 Une personne sûre : quelqu'un en qui on peut avoir confiance, c'est-à-dire qui ne nous mentira pas et ne nous trompera pas.

meilleur ami, un mousquetaire du roi, Athos. Je sais qu'il n'est pas chez lui à cette heure-ci. »

Athos n'était pas chez lui, mais son serviteur Grimaud ouvre à d'Artagnan qui lui dit de partir jusqu'au lendemain. « Vous êtes chez vous, ajoute-t-il en se tournant vers Madame Bonacieux. Fermez la porte et n'ouvrez à personne qu'à moi.

– C'est bien. J'ai compris. Maintenant écoutez-moi. Allez au Louvre du côté de la Seine et demandez Germain. Vous lui direz ces deux mots : "Tours et Bruxelles". Alors, il se mettra à vos ordres[23]. Vous lui demanderez d'aller chercher M. de la Porte, le domestique[24] de la reine. À M. de la Porte, vous direz de venir ici.

– C'est bien, mais où et comment vous reverrai-je ?

– Tenez-vous[25] beaucoup à me revoir ?

– Certainement.

– Je vous le dirai plus tard.

– C'est promis ?

– Oui ! »

En quelques minutes, d'Artagnan arrive au Louvre, trouve Germain, lui dit les deux mots : « Tours et Bruxelles » et demande M. de la Porte… Dix minutes plus tard, La Porte arrive, écoute et part en courant. Mais, après avoir fait quelques pas, il s'arrête, revient et dit à d'Artagnan :

« Jeune homme, après ce que vous venez de faire, on va vous poser des questions.

– Vous croyez ?

– J'en suis sûr et laissez-moi vous donner un conseil : Allez voir un ami et faites que sa pendule[26] soit en retard. Il est dix heures. Il faut

---

23 Se mettre aux ordres de quelqu'un : lui obéir, faire ce qu'il demande.
24 Un domestique : un serviteur.
25 Tenir à… : vouloir vraiment faire quelque chose.
26 Une pendule : genre de grande montre qu'on pose sur un meuble ou qu'on accroche au mur. Une pendule doit être « à l'heure ». Sinon, on dit qu'elle est « en avance » ou « en retard ».

qu'il puisse dire que vous étiez chez lui à neuf heures et demie. »
L'homme n'a pas besoin de s'expliquer. D'Artagnan a compris et
court chez M. de Tréville. Au lieu de passer par le salon comme
tout le monde, il demande à monter au bureau. On le connaît
et on le laisse faire, puis on le quitte et on va prévenir le chef
des Mousquetaires. Cinq minutes après, M. de Tréville arrive et
demande au jeune homme ce qui se passe.

« Pardon, dit d'Artagnan, mais il est seulement neuf heures vingt-
cinq et j'ai cru que je pouvais encore me présenter[27] chez vous.

– Neuf heures vingt-cinq ! s'écrie M. de Tréville en regardant sa
pendule, mais c'est impossible.

– C'est cependant la vérité.

– Je croyais qu'il était plus de dix heures. Je me suis trompé…
Mais voyons, que me voulez-vous ? »

D'Artagnan raconte alors tout ce qu'il sait du duc de Buckingham,
de la reine et du cardinal, mais sans parler de Madame Bonacieux.
Quand dix heures sonnent, d'Artagnan dit au revoir. M. de
Tréville retourne au salon pendant que d'Artagnan descend
l'escalier. Arrivé en bas, il se rappelle avoir oublié son chapeau,
remonte au bureau en courant, remet la pendule à l'heure,
redescend et se trouve bientôt dans la rue.

---

27 Se présenter chez quelqu'un : y aller.

CHAPITRE 3

Une femme chez Aramis

La nuit est belle. D'Artagnan pense à Madame Bonacieux. Il marche droit devant lui et ne fait pas attention au chemin qu'il prend.

Tout à coup, il s'aperçoit qu'il passe devant la maison d'Aramis et l'idée lui vient de s'arrêter un moment chez son ami. Il traverse un jardin planté de quelques arbres et va frapper à la porte quand il entend un léger bruit et voit une ombre venir à lui. Il croit d'abord que c'est un homme. Mais bientôt il reconnaît une femme. Elle est petite et mince. Elle semble ne pas connaître son chemin. Elle passe devant le jardin, s'arrête, retourne en arrière, revient, compte les maisons et les fenêtres.

« Pardieu ! se dit d'Artagnan, on dirait que cette petite cherche la maison de mon ami » !

Et le jeune homme se cache dans le coin le plus sombre de la porte.

La jeune femme avance de nouveau, et, arrivée devant une des fenêtres de la maison, tousse[1], puis frappe trois coups à la vitre. Une lumière s'allume, la fenêtre s'ouvre.

« Ah ! Ah ! pense d'Artagnan, la dame entre par les fenêtres et non par les portes. Très bien ! »

La lumière s'éteint ; mais le jeune homme dans l'ombre voit la femme prendre un mouchoir blanc et le montrer. Ce mouchoir lui rappelle celui qu'il a ramassé près de Madame Bonacieux et aussi

---

1 Tousser : faire du bruit avec la gorge.

celui d'Aramis. Placé où il est, il ne peut voir à qui la jeune femme
est en train de parler. Il fait doucement quelques pas de côté :
ce n'est pas Aramis qui parle à la fenêtre, mais une autre femme.
Celle-ci tire elle aussi un mouchoir de sa poche, le montre, dit
quelques mots, puis ferme la fenêtre.
L'ombre se retourne et vient passer tout près de d'Artagnan.
Celui-ci reconnaît Madame Bonacieux.
Madame Bonacieux ! Elle devait être chez Athos. Que peut-elle
faire dans les rues de Paris, seule, à onze heures et demie du soir ?
D'Artagnan décide de la suivre ; mais il fait du bruit. La jeune
femme l'entend, prend peur et se met à courir. Le jeune homme
est bientôt près d'elle, et quand d'Artagnan lui pose la main sur
l'épaule, elle tombe sur un genou en criant :
« Tuez-moi si vous voulez, vous ne saurez rien. »

D'Artagnan la prend par la taille et la relève.

« N'ayez pas peur », lui dit-il.

La jeune femme reconnaît la voix, rouvre les yeux et dit :

« Oh ! c'est vous, c'est vous ! Merci, mon Dieu !

— Oui, c'est moi, dit d'Artagnan, moi que Dieu a envoyé pour vous défendre s'il en est besoin.

— Et c'est seulement pour me défendre que vous me suivez ? demande la jeune femme.

— Non, croyez-moi, c'est par accident[2]. Je passais par ici et j'ai vu quelqu'un frapper à la fenêtre d'un de mes amis.

— D'un de vos amis ?

— Sans doute ; Aramis est de mes meilleurs amis.

— Aramis !… Je n'ai jamais entendu parler de cet homme.

— Je ne suis pas sûr que vous disiez la vérité.

— Les femmes doivent-elles toujours la dire ?

— Non, bien sûr.

— Alors, donnez-moi le bras, et cette fois-ci croyez-moi.

— Où allez-vous ?

— Vous le verrez.

— Allons, Madame, je vois bien qu'il faut faire tout ce que vous voulez.

— Pas ce que je veux : ce que je dois faire. »

Arrivée rue de la Harpe, la jeune femme recommence à compter les maisons. Au numéro 75, elle s'arrête et dit :

« Je suis arrivée et il est minuit. Laissez-moi, ne m'attendez pas, ne me suivez pas, et une fois de plus oubliez tout. Promettez-le[3].

— Je le promets. »

Madame Bonacieux se retourne, frappe encore trois coups. La porte s'ouvre. La jeune femme entre et d'Artagnan part en courant.

Cinq minutes plus tard, d'Artagnan arrive à sa maison. Il monte

---

2 Par accident : par hasard.

3 Promettre : dire à quelqu'un qu'on fera vraiment ce qu'on lui a dit qu'on ferait.

lentement les escaliers tout en se disant à lui-même à haute voix :
« Je suis bien curieux[4] de savoir comment cela finira.

— Mal, Monsieur, mal, répond une voix que le jeune homme reconnaît être celle de Planchet.

— Comment mal ? que veux-tu dire, imbécile[5] ? demande d'Artagnan, et qu'est-il donc arrivé ?

— Toutes sortes de malheurs.

— Quoi ?

— D'abord M. Athos est arrêté.

— Arrêté ! Athos ! arrêté ! pourquoi ?

— On l'a trouvé chez vous ; on l'a pris pour vous[6].

— Et par qui a-t-il été arrêté ?

— Par des gardes amenés par les quatre agents du cardinal que vous aviez chassés[7] une heure plus tôt.

— Pourquoi n'a-t-il pas dit son nom ? Pourquoi n'a-t-il pas dit qu'il n'avait rien fait ?

— Quand il a vu les hommes arriver, il m'a dit : "Il faut que ton maître reste libre : il sait tout et moi je ne sais rien. Dans trois jours je dirai qui je suis. Il faudra bien alors qu'on me remette en liberté".

— Et qu'ont fait les agents du cardinal ?

— Ils ont regardé partout. Ils ont lu tous vos papiers. Puis ils sont partis sans même fermer la porte.

— C'est bien. Reste là. Si Porthos et Aramis viennent, dis-leur de m'attendre à l'auberge[8] de la "Pomme-de-Pin", mais pas ici, c'est trop dangereux. La maison va être surveillée. Moi, je cours chez M. de Tréville pour lui raconter ce qui arrive. »

---

4 Je suis curieux de savoir : je voudrais bien savoir.
5 Un imbécile : quelqu'un qui est bête, idiot.
6 On l'a pris pour vous : on s'est trompé de personne, on a cru que c'était vous.
7 Chasser quelqu'un : obliger quelqu'un à s'en aller.
8 Une auberge : un petit hôtel.

M. de Tréville n'est pas à son hôtel[9]. Il est au Louvre avec ses mousquetaires. D'Artagnan décide de le voir.

À minuit, il n'y a pas beaucoup de monde dans les rues. Mais, au moment de traverser la Seine par le Pont-Neuf[10], d'Artagnan aperçoit devant lui une femme qui donne le bras à un mousquetaire et tous deux cachent leur visage.

« Tiens, pense-t-il, on dirait Aramis et Madame Bonacieux. Mais ce n'est pas possible. Madame Bonacieux est restée rue de la Harpe. Et Aramis ?… Cependant, c'est eux. J'en suis sûr… »

Le jeune homme et la jeune femme sentent qu'ils sont suivis. Ils marchent plus vite. D'Artagnan court, passe devant eux, se retourne, et les regarde venir à lui.

« Que voulez-vous, Monsieur ? » demande le mousquetaire.

La voix est celle d'un étranger et d'Artagnan comprend qu'il s'est trompé.

« Ce n'est pas Aramis ! s'écrie-t-il.

— Non, Monsieur, ce n'est pas Aramis et je vois que vous m'avez pris pour un autre ! Je vous pardonne.

— Vous me pardonnez ?

— Oui et laissez-moi passer.

— Mais si je me suis trompé sur vous, je ne me suis pas trompé sur madame. Je la connais.

— Ah ! Monsieur ! dit alors Madame Bonacieux, vous aviez promis de ne pas me suivre. Ne seriez-vous pas un gentilhomme ?

— Prenez mon bras, dit l'étranger, et continuons notre chemin. »

En parlant ainsi, l'homme avance et pousse de la main d'Artagnan resté debout devant lui.

D'Artagnan saute de côté et tire son épée. L'étranger en fait autant[11].

---

9 Hôtel : autrefois, on appelait hôtel les grandes maisons que les nobles riches habitaient dans les villes.
10 Un pont : construction qui permet de passer au-dessus d'un fleuve ou d'une rivière. Le Pont-Neuf achevé en 1604, est un des ponts les plus célèbres de Paris.
11 En faire autant : faire la même chose.

Les deux épées sonnent l'une contre l'autre.

« Au nom du ciel[12], milord ! » s'écrie Mme Bonacieux en se jetant entre les deux hommes et en prenant les épées à pleines mains .

« Milord ! répète d'Artagnan. Milord ! Oh ! pardon, Monsieur ; mais est-ce que vous seriez… ?

— Milord, duc de Buckingham, dit Mme Bonacieux à mi-voix ; et maintenant vous pouvez nous perdre tous.

— Milord, Madame, pardon, cent fois pardon !… Pardonnez-moi et dites-moi comment je peux me faire tuer pour vous servir ?

— Vous êtes un brave jeune homme, dit Buckingham en tendant la main à d'Artagnan. Suivez-nous à vingt pas jusqu'au Louvre et si quelqu'un nous surveille, tuez-le. »

D'Artagnan met l'épée sous le bras et suit le duc et

---

12 Au nom du ciel ! : s'il vous plaît, je vous le demande pas seulement en mon nom mais au nom de Dieu aussi.

Madame Bonacieux jusqu'au Louvre. Puis il court à la « Pomme-de-Pin » où Porthos et Aramis l'attendent.

George Villiers, Duc de Buckingham

Arrivé dans la cour[13] du Louvre, le duc et Madame Bona-cieux suivent le mur pendant vingt-cinq pas. Puis la jeune femme pousse une petite porte fermée d'habitude la nuit. La porte s'ouvre, et par des escaliers sombres et de longs couloirs, Madame Bonacieux conduit le duc dans une chambre éclairée[14] seulement par une petite lampe et dit : « Restez ici, milord-duc, on va venir. » Puis elle sort par la même porte et la ferme à clé.

Le duc sait que c'est un agent du cardinal qui lui a écrit. Il sait qu'on veut le perdre. Cependant il n'a pas voulu partir sans avoir vu la reine qu'il aime. Celle-ci a refusé d'abord. Puis Madame Bonacieux a été enlevée. Le duc est resté caché et la reine a enfin accepté de le recevoir un moment.

Buckingham se regarde dans la glace[15]. L'habit de mousquetaire lui va bien[16]. À trente-cinq ans, il est le plus beau gentilhomme de France et d'Angleterre. Il est riche, premier ministre de son roi et prêt à tout[17], même à une guerre, pour se faire aimer de la plus belle reine d'Europe. Il se sourit à lui-même. Derrière lui, une femme paraît. C'est Anne d'Autriche. Elle est grande. Elle a les yeux verts, la bouche petite. Jamais Buckingham ne l'a trouvée aussi belle. La reine avance d'un pas. Derrière elle, dona Estefania, la seule de ses femmes espa-gnoles laissée auprès d'elle par le roi et le cardinal, reste dans l'ombre.

« Duc, dit la reine, vous savez déjà que ce n'est pas moi qui vous ai fait écrire.

---

13 Une cour : un espace ouvert devant ou au milieu d'un château.
14 Éclairée : allumée.
15 Une glace : un miroir, surface de verre où on peut se regarder…
16 Ça lui va bien : il est beau avec ces habits.
17 Prêt à tout : il ferait n'importe quoi pour avoir ce qu'il veut.

— Oh ! oui, Madame, oui, Votre Majesté, s'écrie le duc ; je sais que j'ai été un fou de croire que la neige pourrait fondre, que la pierre pourrait vivre… Mais je n'ai pas tout perdu à ce voyage : je vous vois. La douceur de votre voix m'empêche de comprendre la dureté de vos paroles. Nous sommes faits l'un pour l'autre[18].

— Je n'ai jamais dit que je vous aimais.

— Mais vous n'avez jamais dit que vous ne m'aimiez pas.

— Quelle folie votre amour ! En cherchant à me voir seule, vous avez fait chasser mes meilleurs amis.

— Et la France va payer[19] cela d'une guerre. Si je ne peux plus vous voir, Madame, eh bien ! vous entendrez chaque jour parler de moi.

— Vous êtes fou, vous dis-je ! Partez ! Je vous le demande. Revenez après la guerre, si vous le voulez, mais comme ministre, entouré[20], défendu et alors je n'aurai plus peur pour vous. J'aurai du bonheur à vous revoir.

— Eh bien ! je veux quelque chose qui vienne de vous, qui me rappelle que je n'ai pas fait un rêve.

— Et partirez-vous, partirez-vous, si je vous donne ce que vous demandez ?

— Oui. »

Anne d'Autriche rentre dans son appartement et en sort presque aussitôt. Elle tient à la main un petit coffret.

« Tenez, milord, dit-elle, gardez cela et n'oubliez pas. »

Buckingham prend le coffret.

« Votre main, votre main, Madame, et je pars. »

Anne d'Autriche tend la main en fermant les yeux. Buckingham y pose ses lèvres avec amour, puis se relève. Ensuite il marche vers la porte qui s'ouvre devant lui. Madame Bonacieux le conduit hors du Louvre.

---

18 Être fait l'un pour l'autre : expression qui signifie que deux personnes s'entendent comme si elles avaient été créées pour vivre ensemble.

19 Payer : ici, être puni.

20 Entouré : ici, avec autour de lui des gens pour le défendre.

CHAPITRE 4

Monsieur Bonacieux à la Bastille[1]

Pendant ce temps, le pauvre M. Bonacieux, lui, est à la Bastille. Battu, puis enfermé[2] dans une chambre noire[3], il est amené au bout de quelques heures devant un officier.

Celui-ci le reçoit assis, la tête baissée sur des papiers. Au bout d'un moment, il lève les yeux, de petits yeux étroits, tout près d'un nez pointu[4] et demande à Bonacieux son nom, son âge, son adresse. Puis, il s'arrête de poser des questions et se met à lui parler longtemps du cardinal, ce grand ministre. Tout à coup il ajoute : « Et vous, Bonacieux, vous voulez du mal[5] au cardinal ! »

— Vouloir du mal au cardinal, répond Bonacieux, au cardinal que j'aime, ce grand homme ? Mais c'est impossible ! Mais je n'ai jamais rien fait. Mais…

— Mais vous avez une femme ?

— Oui, Monsieur, répond le pauvre homme, qui parle avec peine[6] tellement il a peur, oui, j'en avais une.

— Comment ? vous en aviez une ? Qu'est-ce que vous en avez fait si vous ne l'avez plus ?

— On me l'a enlevée, Monsieur.

— On vous l'a enlevée ? dit l'officier. Ah !… et vous savez qui l'a enlevée ?

---

1 Bastille : nom de la plus grande prison de Paris sous l'Ancien Régime.
2 Enfermé : mis dans un endroit d'où il ne peut pas sortir.
3 Chambre noire : dans une pièce sans fenêtre, ni lumière.
4 Pointu : fin, qui se termine en forme de pointe.
5 Vouloir du mal à quelqu'un : espérer qu'il lui arrive des malheurs.
6 Avec peine : avec difficulté.

— Je crois connaître l'homme.

— Qui est-ce ?… Allons ! vite, répondez.

— C'est un homme grand, aux cheveux noirs, à la peau très blanche. Il a l'air d'un grand seigneur. Il nous a suivis plusieurs fois ma femme et moi, du Louvre jusqu'à notre maison.

— Et son nom ?

— Ah çà ! je ne le sais pas ; mais si je rencontre l'homme je suis sûr de le reconnaître, même entre mille personnes.

— Vous le reconnaîtriez entre mille, dites-vous ? »

Bonacieux comprend qu'il a eu tort[7] de parler. Alors il répond : « C'est-à-dire… je ne suis peut-être pas très sûr.

— Vous avez répondu que vous le reconnaîtriez… Il faut que "quelqu'un" le sache. C'est bien, en voici assez pour aujourd'hui.

— Mais je ne vous ai pas dit que je le connaissais. Je vous ai dit au contraire…

— Emmenez le prisonnier, dit l'officier aux gardes.

— Où le mettrons-nous ?

— Où vous voudrez. Mais que personne ne puisse lui parler. »

Les gardes le prennent par les bras et sans écouter ses cris le jettent dans la pièce la plus sombre et la plus sale.

Le pauvre homme ne peut dormir de la nuit et quand au matin[8] il entend la porte s'ouvrir, il croit qu'on vient le pendre[9].

L'officier qu'il connaît déjà entre et lui dit : « La colère du cardinal est terrible… Où est votre femme ?

— Mais je vous ai dit qu'on l'a enlevée.

— Elle s'est sauvée hier soir. Comment avez-vous fait ?

— Ah ! la malheureuse ! Ce n'est pas ma faute. Je n'ai rien fait.

— Vous avez vu M. d'Artagnan.

— C'est vrai ; mais il m'a trahi[10].

---

7 Avoir tort : faire une faute, ne pas avoir raison.

8 Au matin : quand le matin arrive.

9 Perdre : ici, faire ce qu'il faut pour que le roi ne croie plus M. de Tréville et lui demande de s'en aller.

10 Trahir (un ami) : le tromper.

—Vous mentez. Heureusement nous avons pu l'arrêter. Vous allez le voir… Gardes, faites entrer cet homme. »

Les gardes font entrer Athos.

« M. d'Artagnan, dit l'officier, dites-nous ce qui s'est passé entre M. Bonacieux et vous.

— Mais, s'écrie Bonacieux, ce n'est pas M. d'Artagnan que vous me montrez là !

— Comment ! ce n'est pas M. d'Artagnan ?

— Ce n'est pas lui. J'ai déjà vu cet homme, mais je ne sais pas son nom.

—Votre nom ? demande l'officier.

—Athos, répond le mousquetaire.

— Ce n'est pas un nom cela et vous avez dit que vous vous appeliez d'Artagnan.

— C'est-à-dire que c'est à moi qu'on a dit : « Vous êtes Monsieur d'Artagnan ». J'ai répondu : "Vous croyez ?" Mes gardes ont crié : "Nous en sommes sûrs." Je n'ai pas voulu leur faire de peine. Et puis je pouvais me tromper.

—Vous vous moquez de la justice.

— Pas du tout.

—Vous êtes Monsieur d'Artagnan.

—Vous voyez bien : vous le dites aussi.

— Monsieur l'officier, dit alors Bonacieux, moi j'en suis sûr. Ce n'est pas M. d'Artagnan. Ce monsieur a au moins dix ans de plus que M. d'Artagnan. Et puis M. d'Artagnan est un garde et ce monsieur, un mousquetaire.

— C'est vrai », dit tout haut[11] l'officier. Puis il dit aux gardes :

« Ramenez chacun de ces hommes dans leur chambre et ne les laissez pas parler entre eux. »

Bonacieux pleure, appelle, dit du mal[12] de sa femme.

---

11 Tout haut : à haute voix.
12 Dire du mal : dire des choses méchantes et désagréables de quelqu'un.

À neuf heures du soir, on vient le chercher. Il croit de nouveau qu'on va le tuer et il faut le porter pour le faire entrer dans une voiture, puis monter un escalier. Enfin, on le pousse dans un grand bureau.

Derrière une table carrée, un homme est assis. Il a le front large, les yeux durs. C'est Armand-Jean Duplessis, cardinal de Richelieu, un des plus grands ministres de l'histoire de France.

« C'est là ce Bonacieux ? demande-t-il après un silence.

– Oui, Monseigneur[13], répond l'officier qui a amené l'homme.

– C'est bien, donnez-moi ces papiers et laissez-nous. »

Le cardinal lit. Par moments il lève la tête et ses yeux comme deux épées entrent dans le cœur de Bonacieux.

« Quel danger peut venir d'un tel homme ? pense-t-il tout de suite. Mais voyons toujours. »

« Vous avez trahi, dit-il enfin.

– C'est ce que j'ai appris, Monseigneur, répond Bonacieux. Mais je n'en savais rien. »

Le cardinal sourit.

« Et c'est, ajoute-t-il, avec votre femme, la duchesse de Chevreuse et le duc de Buckingham.

– J'ai entendu tous ces noms-là.

– Comment ?

– Ma femme m'a dit que le cardinal de Richelieu avait fait venir le duc de Buckingham à Paris pour le perdre.

– Elle a dit cela ! dit le cardinal avec force.

– Oui, Monseigneur ; mais moi je lui ai dit que ce n'était pas possible.

– Taisez-vous. Vous êtes un imbécile.

– C'est justement ce que ma femme m'a dit, Monseigneur.

– Savez-vous qui a enlevé votre femme ? dit le cardinal en souriant de nouveau.

---

13 Monseigneur : nom qu'on donne au cardinal, aux religieux importants et aux grands nobles quand on leur parle.

– Non, Monseigneur.

– Mais vous vous en doutez[14].

– Oui, mais cela n'a pas eu l'air de faire plaisir à monsieur l'officier et je l'oublierai. C'est un homme bien gentil.

– Qui cela ?

– L'officier de la Bastille qui…

– C'est assez. Dites-moi maintenant si vous savez ce qu'est devenue[15] votre femme ?

– Je n'en sais rien.

– Quand vous alliez chercher votre femme au Louvre, est-ce que vous reveniez tout de suite chez vous ?

– Presque jamais. Elle avait souvent affaire[16] à des marchands[17] de tissu.

– Combien ?

– Deux, Monseigneur.

– Leur adresse ?

– Rue de Vaugirard et rue de la Harpe.

– Les numéros.

– 25 et 75.

– C'est bien », dit le cardinal.

Il tend la main, sonne et un officier entre.

« Allez me chercher Rochefort, dit-il à mi-voix. »

– Le comte[18] est là, revient dire bientôt l'officier.

– Qu'il vienne alors, qu'il vienne ! »

La porte s'ouvre. Un homme grand entre.

« C'est lui ! s'écrie Bonacieux.

– Qui lui ? demande le cardinal.

– Celui qui a enlevé ma femme. »

---

14 Se douter : penser, sans en être tout à fait sûr, que ce que l'on croit est vrai.
15 Ce qu'elle est devenue : ce qui lui est arrivé.
16 Avoir affaire à quelqu'un : avoir à faire quelque chose avec quelqu'un.
17 Un marchand : un vendeur.
18 Le comte : ici c'est le comte de Rochefort.

Le cardinal sonne une deuxième fois.

« Emmenez cet homme, dit-il, et qu'il attende à côté qu'on le rappelle.

– Non, Monseigneur ! non ce n'est pas lui ! s'écrie Bonacieux. Non ! je me suis trompé. C'est un autre qui ne lui ressemble pas du tout ! Ce…

– Emmenez cet imbécile ! » dit le cardinal.

Le cardinal et le comte de Rochefort

Bonacieux sort et Rochefort avance.
« Ils se sont vus, dit-il.

– Qui ?

– Elle et lui.

– La reine et le duc !, s'écrie Richelieu.

– Oui.

– Et où cela ?

– Au Louvre.

– Vous en êtes sûr ?

– Sûr.

– Qui vous l'a dit ?

– Mme de Lannoy, qui est toute à votre service, comme vous le savez.

– Comment cela s'est-il passé ?

– À minuit et demi la reine était avec ses femmes.

– Où cela ?

– Dans sa chambre à coucher. On est venu lui remettre[19] un mouchoir. Elle est devenue toute blanche. Elle s'est levée et a dit : "Mesdames, attendez-moi dix minutes, je reviens", puis elle est sortie.

– Combien de temps ?

– Trois quarts d'heure.

– Qui l'a suivie ?

– Dona Estefania seulement.

– Et elle est rentrée ensuite ?

– Oui, pour prendre un petit coffret de bois et sortir de nouveau.

– A-t-elle rapporté[20] le coffret.

– Non.

---

19 Remettre : donner.
20 Rapporter : rendre, remettre à sa place quelque chose qu'on avait pris.

— Qu'y avait-il dedans ?

— Les diamants[21] que Sa Majesté[22] a donnés à la reine. Madame de Lannoy pense qu'elle les a donnés à Buckingham.

— Elle en est sûre ?

— Elle a fait semblant[23] de les chercher, et la reine lui a dit alors qu'elle les avait envoyés chez son joaillier[24].

— Est-ce vrai ?

— Non, j'y suis passé. Le joaillier ne les a pas. Votre Éminence[25] est-elle contente de moi ?

— Savez-vous où se cachent la duchesse de Chevreuse et le duc de Buckingham que vous avez tant cherchés et que vos gens n'ont pas su trouver ?

— Hélas[26] non !

— Je le sais, moi.

— Vous, Monseigneur ?

— Oui : rue de Vaugirard n°25 et rue de la Harpe n°75.

— Votre Éminence veut-elle que je les fasse arrêter ?

— Il sera trop tard. Ils sont déjà partis. Mais voyez toujours. » Rochefort sort. Bonacieux est amené de nouveau.

« Monsieur le cardinal ! Monsieur le cardinal ! répète-t-il.

— Ah ! vous avez compris qui j'étais, mon ami. C'est bien.

— Le cardinal est bon. Le cardinal sait tout, reprend Bonacieux et il se jette aux pieds de Richelieu.

— Vous êtes un brave homme[27], dit le ministre, en lui tendant la main. Allons, relevez-vous. Je sais que vous n'avez pas fait de mal. Mes officiers se sont trompés. Prenez ces trois cents pièces d'or dans ce sac et pardonnez-moi.

---

21 Un diamant : pierre rare et très chère dont on fait des bijoux.
22 Majesté : quand on parle au roi ou à la reine, on leur dit « Majesté ».
23 Faire semblant : faire croire à l'autre qu'on fait quelque chose alors que c'est faux.
24 Un joaillier : personne qui fait des bijoux avec les belles pierres.
25 Votre Éminence : nom qu'on donne aux cardinaux quand on leur parle.
26 Hélas : mot qu'on dit quand on est triste.
27 Un brave homme : un homme honnête et bon.

– Mais, Votre Éminence ! dit Bonacieux, mais Votre Éminence a bien le droit de me faire arrêter, de me faire pendre même. Vous êtes le maître. Je n'aurais rien à dire. Vous pardonner, Monseigneur ? Allons donc, vous n'y pensez pas ?

– Ah ! mon cher Monsieur Bonacieux, vous êtes bon et je vous remercie de ne pas m'en vouloir. Ainsi donc, vous prenez ce sac et vous êtes content ?

– Si je suis content ? Et comment[28] !

– Au revoir donc. J'espère bien que nous nous reverrons.

– Tant que Son Éminence voudra. Je suis à vos ordres.

– Au revoir ! mon bon ami. Vous êtes un homme bien agréable. Au revoir. »

---

28 Et comment ! : expression qui veut dire oui, bien sûr, vraiment.

Bonacieux sort en criant : « Vive Son Éminence ! Vive Monseigneur ! Vive le grand cardinal ! »

Celui-ci écoute en souriant, puis se dit à lui-même : « J'ai fait de cet homme tout ce qu'on pouvait en faire : l'espion[29] de sa femme » et il se met à écrire.

Rochefort revient.

« Eh bien ? lui demande le cardinal.

— Vous aviez raison : ils sont partis.

— Alors, pas un mot[30]. La reine ne doit pas savoir que nous savons... Faites venir Vitray, qu'il soit prêt pour un long voyage. »

« Vitray, dit-il quand l'homme arrive, partez pour Londres tout de suite. Ne vous arrêtez pas en route. Vous remettrez cette lettre à Milady[31]. Voici un sac et deux cents pièces d'or. Vous en recevrez autant à votre retour si vous êtes ici dans six jours.

Voici ce que le cardinal de Richelieu avait écrit :

« Milady,

Soyez au premier bal[32] où se trouvera le duc de Buckingham. Il portera douze diamants à son habit. Coupez-en deux et prévenez-moi que vous les avez. »

---

29 Un espion : un agent, quelqu'un qui surveille les autres sans qu'ils le sachent et qui va dire ce qu'ils font à la personne pour qui il travaille.
30 Pas un mot : ne dites rien de ce que vous savez à personne.
31 Milady : Milady est une ennemie de la reine et de d'Artagnan au service du cardinal. C'est elle qui parlait au comte de Rochefort à la porte de l'auberge de Meung.
32 Un bal : une grande fête où on danse. Autrefois, les nobles et les rois donnaient souvent des bals.

CHAPITRE 5

Gens de robe et gens d'épée

De « la Pomme-de-Pin », d'Artagnan et Aramis étaient allés prévenir M. de Tréville de l'arrestation[1] d'Athos. M. de Tréville était le père de tous ses soldats et entre tous[2] il aimait Athos. Aussi il avait couru à la Bastille, puis au For-l'Évêque[3] où son ami se trouvait prisonnier. Athos venait de donner son nom et de dire qu'il avait dîné avec M. de Tréville et M. le duc de la Trémoïlle ; mais, aucun ordre n'avait été donné, et on ne permet même pas à M. de Tréville de le voir.

Capitaine des mousquetaires, celui-ci peut entrer au Louvre à toute heure. Il y court et trouve le roi avec le cardinal.

« Vous arrivez bien, Monsieur, dit le roi en l'apercevant. Vos mousquetaires se sont encore mal conduits[4].

— Et moi, sire[5], j'ai à me plaindre de vos juges et de vos gens de police. Ils ont arrêté un de mes mousquetaires et ils l'ont jeté au For-l'Évêque.

— Qui cela ?

— Athos, ce noble serviteur de Votre Majesté, celui qui a eu le malheur de blesser M. de Cahusac. Monseigneur, continue Tréville en s'adressant au cardinal, j'espère que M. de Cahusac va mieux, n'est-ce pas ?

---

1 Arrestation : action d'arrêter quelqu'un.
2 Entre tous il aimait Athos : Athos est celui qu'il préférait.
3 For-l'Évêque : nom d'une ancienne prison de Paris.
4 Mal se conduire : faire des choses interdites, mal agir.
5 Sire : nom qu'on donne au roi quand on lui parle.

— Merci ! dit le cardinal en se mordant les lèvres.

— M. Athos était allé voir un de ses amis et il l'attendait chez lui, reprend M. de Tréville, quand des soldats arrivent, cassent la porte, entrent…

— Tout cela s'est fait pour notre service, coupe[6] le roi.

— Et c'est pour votre service qu'on a arrêté un mousquetaire qui se trouvait là à en attendre un autre et qu'on l'a emmené en prison… un homme qui a été blessé dix fois au service de Votre Majesté !

— Êtes-vous sûr que les choses se sont passées ainsi ? dit le roi.

— M. de Tréville ne dit pas, remarque le cardinal, que ce mousquetaire, une heure plus tôt, avait frappé à coups d'épée quatre de mes agents qui faisaient leur devoir[7].

---

6 Couper : ici, arrêter quelqu'un qui est en train de parler pour dire soi-même quelque chose.
7 Le devoir : ce qu'on est obligé de faire pour le pays, la religion, le travail, etc.

— Une heure plus tôt, M. Athos dînait chez moi, dans mon salon, avec M. le duc de la Trémoïlle et M. le comte de Châlus, qui s'y trouvaient.

— Mes agents, répond le cardinal, ont écrit ce qui s'est passé. Lisez.

— Écrit de gens de robe contre parole[8] de gens d'épée ! Choisissez[9], dit Tréville.

— Allons, allons, Tréville, taisez-vous, dit le roi.

— M. de Tréville, dans la maison où M. Athos, dites-vous, a été arrêté, habite un de ses amis, reprend le cardinal, un certain M. d'Artagnan. Celui-ci a peut-être donné de mauvais conseils[10]… à M. Athos, à un homme qui a le double[11] de son âge ? Non, Monseigneur. Et puis M. d'Artagnan a passé aussi la soirée chez moi.

— Ah ! çà ! dit le cardinal, tout le monde a donc passé la soirée chez vous ?

— Son Éminence douterait-elle[12] de ma parole ? dit Tréville, le rouge de la colère au front[13].

— Non ! dit le cardinal ; mais, dites-moi, à quelle heure était-il chez vous ?

— À neuf heures et demie. J'ai regardé la pendule, car je croyais qu'il était plus tard.

— Et à quelle heure est-il sorti de votre hôtel ?

— À dix heures : une heure après l'arrestation de M. Athos, le plus brave des serviteurs de Sa Majesté.

— N'est-ce pas M. d'Artagnan, demande alors le roi en regardant le cardinal, qui a blessé un jour Jussac ?

---

8 La parole : quand un noble donne sa parole, son honneur exige qu'il dise la vérité.

9 Choisir : prendre ce qu'on préfère.

10 Un mauvais conseil : quelque chose qu'on nous dit pour nous aider et qui, en fin de compte, nous fait faire quelque chose de mal.

11 Le double : deux fois plus.

12 Douter : ici, ne pas être sûr, penser que c'est faux.

13 Avoir le rouge de la colère au front : il est tellement en colère, que son front devient tout rouge.

— Et le lendemain Bernajoux. Oui, sire, c'est bien cela. Votre Majesté n'oublie jamais rien ! dit Tréville.

— M. de Tréville, merci ! Mais je suis juste[14] et j'ai des juges pour juger[15]. Ils jugeront.

— Oui, mais il est triste que dans le temps malheureux où nous sommes, le meilleur des serviteurs de Votre Majesté ait besoin d'être jugé. L'armée ne sera pas contente d'une semblable[16] affaire de police !

— D'une affaire de police ! s'écrie alors le roi. D'une affaire de police ! et qu'en savez-vous Monsieur de Tréville ? Occupez-vous de vos mousquetaires et laissez-moi gouverner[17]. La France n'est pas en danger parce qu'on arrête un mousquetaire ! Que de bruit ! J'en ferai arrêter dix, ventrebleu[18], cent même, si je le juge bon[19] !

— Sire, vous savez que je suis prêt à vous quitter si votre service le demande. Je vais aller retrouver M. Athos et bientôt M. d'Artagnan. »

Le roi faiblit enfin et dit :

« Voyons, Tréville, êtes-vous sûr que M. d'Artagnan était chez vous jusqu'à dix heures ?

— Par votre père, le grand roi Henri, M. d'Artagnan y était.

— Si on laisse aller cet homme, nous ne saurons jamais la vérité, dit le cardinal.

— M. d'Artagnan sera toujours là, répond M. de Tréville, prêt à répondre à tous les gens de robe.

— C'est vrai, remarque le roi. On le retrouvera toujours, comme dit Tréville.

— Donnez vos ordres, sire, répond le cardinal. Un roi peut toujours pardonner.

---

14 Juste : il donne à chacun ce qu'il doit recevoir. Il sait dire qui a fait une faute et qui n'en a pas fait. Louis XIII était aussi appelé Louis le Juste.

15 Juger : dire, selon la loi, qui a raison et qui a tort.

16 Semblable : comme celle là.

17 Gouverner : diriger un pays.

18 Ventrebleu : mot qu'on disait autrefois quand on était très en colère.

19 Si je le juge bon : si je juge bon de les arrêter.

— On ne pardonne qu'après une faute, coupe M. de Tréville, et Athos n'a pas fait de faute. Je demande seulement justice pour lui[20].

— Et il est au For-l'Évêque ? dit le roi.

— Oui, sire, comme s'il avait volé.

— Faisons-le donc remettre en liberté », dit le cardinal qui se sent battu.

Tréville, sans dire un mot de plus, salue et va s'occuper de faire sortir Athos de prison. Mais le cardinal est resté avec le roi et il lui dit :

« Ne dites rien si vous voulez trouver des lettres du duc chez la reine. Au contraire, parlez de fête. Vous pourriez donner un grand bal dans quelques jours. La reine pourrait mettre ce jour-là les diamants que vous venez de lui donner.

— C'est bon, répond le roi. Je n'aime pas les fêtes, mais je suivrai votre conseil[21]. Je parlerai à la reine demain. »

Un ordre du roi

La nuit, le roi ne dort pas. Il pense à la reine, au duc de Buckingham. Tout à coup il se rappelle les dernières paroles du cardinal. Celui-ci ne parle jamais pour ne rien dire. Pourquoi donc lui a-t-il conseillé[22] de demander à la reine de porter ses diamants à un bal ? Puis il oublie et s'endort.

Le lendemain matin, il va voir la reine. Il se plaint de ses amies. Anne d'Autriche écoute longtemps. Elle dit enfin :

« Sire, vous ne me dites pas tout ce que vous avez sur le cœur. Qu'ai-je donc fait ? »

---

20 Demander justice pour quelqu'un : demander à ce qu'il soit bien jugé ; qu'il ne soit pas puni alors qu'il n'a rien fait.
21 Suivre le conseil de quelqu'un : faire ce qu'il nous a dit.
22 Conseiller : donner un conseil.

Le roi ne veut pas répondre la vérité. Il ne sait d'abord que dire ; mais les paroles du cardinal lui reviennent à l'esprit[23].

« Madame, reprend-il, un bal sera donné bientôt à l'Hôtel de Ville[24]. Vous devrez y paraître avec votre plus belle robe et les diamants que je vous ai donnés pour votre fête. C'est ma réponse à votre question. »

La réponse était terrible. Anne d'Autriche pense que le roi sait tout ou que le cardinal a décidé de la perdre devant tous. Elle devient blanche et doit poser la main sur un meuble pour ne pas tomber. Elle reste sans voix[25].

---

23 Elles lui reviennent à l'esprit : il s'en souvient.
24 Hôtel de Ville : maison où siège le gouvernement de la ville. Mairie d'une grande ville.
25 Rester sans voix : expression qui veut dire que quelqu'un sent quelque chose de tellement fort (peur, colère.) qu'il n'arrive plus à parler.

« M'entendez-vous, Madame ?

– Oui, sire, j'entends, dit la reine à voix basse.

–Vous paraîtrez à ce bal avec vos diamants ?

– Oui… Mais quel jour ce bal doit-il avoir lieu ?

– Bientôt. Mais je ne sais pas encore. Je demanderai au cardinal.

– C'est donc le cardinal qui a arrangé cette fête ?

– Oui, Madame, répond le roi étonné ; mais pourquoi cette question ?

– C'est lui qui a demandé que je porte ces diamants ce jour-là ?

– Et que voyez-vous d'étonnant à cela ?

– Rien.

–Vous paraîtrez avec ces diamants.

– Oui, sire. »

Alors le roi tourne le dos à la reine et sort. Anne d'Autriche se laisse tomber sur le sol et cache son visage dans ses mains.

« Je suis perdue ! perdue ! répète-t-elle. Le cardinal sait tout, et c'est lui qui pousse le roi, qui ne sait rien encore, mais qui saura tout bientôt. Je suis perdue ! Mon Dieu ! mon Dieu ! mon Dieu ! Buckingham est à Londres. Madame de Chevreuse est à Tours. La Porte ne peut pas quitter le Louvre. Quelqu'un me trahit et personne ne peut m'aider ! » Elle se met à pleurer quand elle entend une voix douce qui dit :

« Est-ce que je ne peux pas être utile à Votre Majesté ? »

La reine se lève et se retourne au son de cette voix amie. Elle voit paraître la jolie Madame Bonacieux. Mais elle ne la reconnaît pas du tout d'abord et pousse un cri.

– Oh ! n'ayez pas peur, dit la jeune femme, je suis la nièce[26] de M. de la Porte et j'étais en train de ranger votre linge[27], là, derrière, quand Sa Majesté le roi est arrivé. Je n'ai pas pu sortir.

---

26 La nièce : la fille du frère ou de la sœur de quelqu'un.
27 Le linge : les serviettes, les habits de nuit et les sous-vêtements.

J'ai tout entendu et tout compris. Vous avez donné vos diamants au duc de Buckingham : il n'y a qu'à les lui redemander.

— Sans doute, il le faut, s'écrie la reine ; mais comment faire, comment y arriver ?

— Il faut envoyer quelqu'un au duc.

— Mais qui ?... qui ?... Tout le monde me trahit et je n'ai pas d'amis dans ce pays.

— J'en trouverai un.

— Mais il faudra écrire !

— Oui, c'est nécessaire[28], et signer[29].

— Mais si on prend ma lettre ?...

— Elle sera remise au duc et pas à un autre.

— Ma vie va être entre vos mains[30].

— Il le faut... N'ayez pas peur. Mon mari a été remis en liberté il y a deux ou trois jours ; je n'ai pas encore eu le temps de le revoir. C'est un brave homme. Il fera ce que je voudrais ; il partira sur un ordre de moi, sans savoir ce qu'il porte, et il remettra la lettre de Votre Majesté, sans même savoir qu'elle est de Votre Majesté. »

La reine prend alors les mains de Madame Bonacieux et les serre avec force. En même temps elle la regarde dans les yeux comme pour lire au fond de son cœur. Elle sent que la jeune femme dit la vérité et elle l'embrasse.

« Fais cela, dit-elle, et tu m'auras sauvé la vie ! Tu m'auras sauvé l'honneur[31].

— Donnez-moi donc cette lettre, Madame, le temps presse[32]. »

---

28 C'est nécessaire : il le faut.
29 Signer : mettre son nom au bas d'une lettre.
30 Ma vie va être entre vos mains : vous pourrez décider de ma vie ou de ma mort.
31 L'honneur : sentiment que l'on a d'être une personne bien et noble. Les nobles mouraient plutôt que de perdre l'honneur car un noble qui perd l'honneur n'est plus noble.
32 Le temps presse : on n'a plus beaucoup de temps, il faut faire vite.

La reine court à une petite table, prend encre, papier et plume[33].
Elle écrit et remet la lettre.

« Et maintenant, dit-elle, nous oublions une chose bien nécessaire.

– Quoi ?

– L'argent. »

Madame Bonacieux rougit.

« Oui, c'est vrai, dit-elle, et mon mari…

– Ton mari n'en a pas, c'est cela que tu veux dire.

– Si, il en a, mais il n'aime pas le dépenser…

– C'est que je n'en ai pas ; mais attends. »

Anne d'Autriche court chercher une bague.

« Elle est très belle, dit-elle, en la montrant. Elle vient de mon frère le roi d'Espagne. Elle est donc à moi et je peux la donner à qui me plaît. Vends-la et remets l'argent à ton mari.

– Dans une heure vous serez obéie », répond Madame Bonacieux qui baise la main de la reine, cache lettre et diamant sous sa robe et disparaît comme un oiseau.

---

33 Une plume : ce qu'il y a sur le corps des oiseaux. Autrefois, avant que le crayon ou le stylo n'existent, on écrivait avec une plume trempée dans de l'encre.

CHAPITRE 6

LE MÉNAGE BONACIEUX

À son retour de la Bastille, M. Bonacieux a trouvé les portes de sa maison ouvertes, ses meubles cassés, ses armoires vides. La servante est partie et n'est pas revenue. Il s'est mis au travail, attendant à tout moment sa femme.

Ce premier moment se fait attendre cinq jours. Mais l'idée qu'il est devenu l'ami du cardinal lui donne du courage. Et M. de Rochefort vient le voir et lui fait croire sans peine que sa femme a été enlevée seulement pour empêcher un plus grand malheur. Aussi quand elle arrive, il s'avance vers elle les bras ouverts.

Madame Bonacieux lui présente[1] le front.

« Parlons un peu, dit-elle.

— Comment ? dit Bonacieux étonné.

— Oui, j'ai quelque chose de très important à vous dire.

— Et moi j'ai quelques questions assez sérieuses à vous poser. Expliquez-moi pourquoi on vous a enlevée ?

— Nous en parlerons plus tard.

— Si vous voulez. Parlons donc de mon arrestation.

— Je l'ai apprise le jour même. Mais comme je sais que vous êtes trop bon pour faire mal, j'ai pensé qu'on s'était trompé et que bientôt vous seriez sûrement libre de nouveau… Mais revenons à ce qui m'amène près de vous.

— Parlez !

---

1 Elle lui présente le front : elle approche de lui son front pour qu'il l'embrasse.

— Une chose du plus grand intérêt[2] et qui vous permettra de gagner beaucoup d'argent. »

Madame Bonacieux sait qu'en parlant d'argent à son mari elle le prend par son côté faible.

Mais un homme, même un marchand, qui a parlé dix minutes avec le cardinal de Richelieu, n'est plus le même homme.

« Beaucoup d'argent à gagner ! dit Bonacieux tranquillement.

— Oui, beaucoup.

— Combien ?

— Mille pièces d'or peut-être.

— Que faut-il faire ?

— Partir tout de suite et porter une lettre.

— Partir ! et pour où ?

— Pour Londres.

— Moi, pour Londres ! Allons donc, vous vous moquez[3] de moi, je n'ai pas affaire à Londres.

— Mais d'autres ont besoin que vous y alliez.

— Quels sont ces autres ? Je ne veux plus rien faire en aveugle[4]. Le cardinal m'a dit...

— Le cardinal ! s'écrie Madame Bonacieux. Vous avez vu le cardinal ?

— Bien sûr. Il m'a fait appeler. Il m'a tendu la main et il m'a dit que j'étais son ami – son ami ! entendez-vous madame ? – je suis l'ami du grand cardinal.

— Du grand cardinal !

— Mais oui, du grand cardinal que j'ai l'honneur[5] de servir.

— Vous servez le cardinal ? contre la reine, ma maîtresse ?

— Oui, madame et j'en ai assez que vous parliez tout le temps de "votre reine", qui n'est même pas française. Heureusement que le grand cardinal est là et qu'il lit au fond des cœurs... et puis

---

2 Du plus grand intérêt : très intéressante.

3 Se moquer : rire de quelqu'un.

4 En aveugle : sans savoir ce qui se passe vraiment, comme quelqu'un qui ne peut pas voir.

5 L'honneur : ici, la grande fierté.

regardez ce sac-là et ces pièces d'or. Elles viennent du cardinal et de mon ami le comte de Rochefort.

— Le comte de Rochefort ! Mais c'est lui qui m'a enlevée, qui surveille la reine, qui… »

De colère, Madame Bonacieux frappe le sol du pied et s'écrie :

« Si vous ne partez pas tout de suite pour Londres, je ne serai plus jamais votre amie. »

Bonacieux aime sa femme, mais il n'est pas brave et répond :

« Ma chère amie, Londres est loin de Paris, très loin et il y a du danger à faire ce que vous me demandez.

— Vous passerez à travers[6].

— Non, je ne veux pas. J'ai vu la Bastille, moi et je ne veux pas y retourner.

— Ah ! vous avez peur. Eh bien ! si vous ne faites pas tout de suite ce que je vous dis, je vous fais arrêter et envoyer à la Bastille par la reine. »

Entre la colère de la reine et celle du cardinal, Bonacieux se décide[7] vite.

« Le cardinal m'en sortira », répond-il. Puis, se rappelant un peu tard les conseils de Rochefort, il essaie de faire parler sa femme et ajoute :

« Si, au moins, vous me disiez ce que je dois faire à Londres.

— Il est inutile que vous le sachiez », répond la jeune femme qui comprend qu'elle a déjà trop parlé.

— On voulait seulement acheter quelques robes… et il y avait beaucoup d'argent à gagner. »

Bonacieux pose dix nouvelles questions ; mais sa femme ne veut rien dire. Il comprend que l'affaire est importante et décide de courir chez Rochefort le prévenir que la reine veut envoyer quelqu'un à Londres.

« Pardon, si je vous quitte, ma chère Madame Bonacieux, dit-il ;

---

6   Passer au travers : expression qui veut dire réussir à échapper à un danger, l'éviter.
7   Se décider : ici, choisir.

mais je ne savais pas que vous rentreriez enfin et j'ai pris rendez-vous avec un de mes amis ; je reviens vite. »

« Allons, dit Madame Bonacieux, quand elle se trouve seule, il ne manquait plus à cet imbécile que de se mettre au service du cardinal ! Et moi qui ai promis à ma pauvre maîtresse de l'aider !... Ah ! Monsieur Bonacieux, je ne vous ai jamais beaucoup aimé et maintenant je vous hais[8]. Vous paierez tout cela ! » Au moment où elle dit ces mots, un coup frappé au plafond[9] lui fait lever la tête, et une voix lui arrive à travers le plancher. Elle dit : « Chère Madame Bonacieux, ouvrez-moi la petite porte de derrière, et je vais descendre près de vous... » « Ah ! Madame, dit d'Artagnan, en entrant par la porte que lui ouvre la jeune femme, permettez-moi de vous dire que vous avez un triste[10] mari.

— Vous nous avez entendus ! Mais comment cela, mon Dieu ? Et qu'avez-vous compris ?

— J'ai compris que vous aviez besoin de moi et j'en suis heureux. J'ai compris aussi que la reine a besoin d'un homme brave qui fasse pour elle un voyage à Londres. Je vous aime, et je suis brave et me voilà. »

La jeune femme ne sait d'abord pas quoi répondre.

« Ai-je le droit de vous parler ? demande-t-elle enfin. Vous êtes presque un enfant !

— Allons, je vois bien qu'il vous faut quelqu'un qui vous dise ce que je peux faire. Connaissez-vous Athos ?

— Non.

— Porthos ?

— Non.

— Aramis ?

— Non. Quels sont ces messieurs ?

---

8 Haïr : détester, ne pas aimer du tout.
9 Le plafond : la partie la plus haute d'une pièce, elle la ferme par le haut.
10 Triste : ici, mauvais, malhonnête.

— Des mousquetaires du roi. Connaissez-vous M. de Tréville, leur capitaine ?

— Oh ! oui, celui-là, j'en ai entendu parler plus d'une fois par la reine comme d'un bon et brave gentilhomme.

— Vous ne craignez[11] pas que lui vous trahisse pour le cardinal, n'est-ce pas ?

— Oh ! non, certainement.

— Et vous voyez bien que je vous aime et que je n'ai pas eu peur de vous défendre… Allons ! décidez-vous[12]. »

La jeune femme se décide enfin à tout dire. Elle n'a pas fini que d'Artagnan s'écrie :

« J'ai tout compris et je pars. Mais il me faut un congé[13]. J'irai trouver ce soir même M. de Tréville. Il le demandera pour moi à son beau-frère[14], M. des Essarts.

— Vous n'avez peut-être pas d'argent ?

— Peut-être est de trop, dit d'Artagnan en souriant.

— Alors, répond Mme Bonacieux — en ouvrant une armoire et en tirant le sac que M. Bonacieux venait de ranger une demi-heure avant — prenez ce sac.

— Celui du cardinal ! s'écrie d'Artagnan qui a tout entendu. Ah ! c'est trop drôle[15] : nous allons sauver la reine avec l'argent de Son Éminence. »

Mais à ce moment, Madame Bonacieux, qui regardait par la fenêtre, devient blanche et s'écrie : « Ciel[16] ! Mon mari ! et il n'est pas seul. Nous sommes perdus.

— Vite, dit d'Artagnan, n'ayez pas peur et montez chez moi. »

---

11 Craindre : avoir peur.
12 Se décider : ici, oser.
13 Un congé : la permission de ne pas travailler pendant quelques jours.
14 Son beau-frère : le mari de sa sœur.
15 Drôle : qui fait rire.
16 Ciel ! : cri qu'on pousse quand on a peur.

Une fois chez lui, le jeune homme ferme la porte et pousse une armoire devant elle ; puis il enlève la planche habituelle et Madame Bonacieux et lui se mettent à écouter. Des voix se font entendre.

« Mais, s'écrie d'Artagnan, c'est celle de mon homme de Meung ! » Déjà il est devant la porte, l'épée à la main.

« Arrêtez, lui dit Mme Bonacieux ; au nom de la reine, je vous défends de vous battre si vous n'y êtes pas obligé.

— Et en votre nom, ne me donnez-vous pas le même ordre ?

— Ce n'est pas le moment de parler de moi. Écoutons plutôt. »

« Elle est partie, dit la voix de Bonacieux.

— Êtes-vous sûr qu'elle n'a pas compris que vous alliez me prévenir ? dit Rochefort.

— Je ne crois pas : elle n'est pas très intelligente.

— Et le jeune homme d'en haut ?

— Il est sorti. Regardez, les fenêtres sont fermées.

— Allons voir, puis demandons à son domestique. »

Le cœur de d'Artagnan se met à battre. Des coups sont frappés à la porte. Madame Bonacieux prend la main du jeune homme, et dit « Pas un mot ! »... Les deux hommes redescendent. D'en haut on les entend de nouveau parler.

« La nouvelle que je vous ai apportée est donc très importante ? demande Bonacieux.

— Très importante, je ne vous le cache pas.

— Alors le cardinal sera content de moi ?

— Je n'en doute pas[17].

— Le grand cardinal !

— Vous auriez cependant mieux fait de prendre la lettre. Le cardinal vous aurait fait noble.

---

17 Je n'en doute pas : j'en suis sûr.

— Mon Dieu ! Quel honneur !... Et je ne paierai plus d'impôt[18] ? Attendez ! Je sais quoi faire. Je vais au Louvre. Je vois ma femme. Je lui dis que j'ai changé d'avis. Elle me donne la lettre et je cours chez le cardinal.

— Essayez toujours ; je reviendrai ce soir », dit Rochefort et ils sortent.

Deux minutes plus tard, d'Artagnan part à son tour, enveloppé d'un grand manteau, sa longue épée au côté.

Madame Bonacieux le regarde partir avec ce regard des femmes qui aiment sans le savoir encore et quand il a tourné au coin de la rue, elle tombe à genoux en s'écriant :

« Mon Dieu ! Soyez avec nous ! »

---

18 Un impôt : l'argent que chaque habitant doit payer à l'État. Avant la Révolution, les nobles ne payaient pas d'impôts.

CHAPITRE 7

Un voyage à Londres

À deux heures du matin, quatre hommes sortent de Paris par la porte Saint-Denis. Ils savent qu'ils sont en danger et chaque ombre plus noire leur semble un ennemi. Aussi ils regardent, écoutent et se taisent.

Quatre serviteurs les suivent, la main sur leurs armes.

Tout va bien jusqu'à Chantilly où ils arrivent vers huit heures du matin. Une auberge est ouverte. Ils y entrent pour déjeuner après avoir dit à leurs serviteurs de rester près des chevaux et d'être prêts à repartir tout de suite.

Ils se mettent à table[1] et commandent[2] à manger. Un homme qui était arrivé avant eux leur parle du temps, puis boit à leur santé. Les voyageurs – nos quatre amis – répondent. Mais au moment où ils se lèvent, l'homme demande à Porthos de boire à la santé du cardinal. Porthos répond qu'il est prêt à le faire si l'étranger à son tour boit à la santé du roi. L'étranger s'écrie qu'il ne connaît pas d'autre roi que son Éminence. Porthos lui répond qu'il a trop bu. L'homme tire son épée.

« Vous avez trop parlé, dit Athos. Il ne vous reste plus qu'à tuer cet homme et à nous retrouver le plus vite que vous pourrez. »

Et tous trois sautent à cheval et partent pendant que Porthos explique à son ennemi qu'il va le couper en morceaux.

« Et d'un ! dit Athos au bout de cinq cents pas.

1　Se mettre à table : s'asseoir autour d'une table pour manger.

2　Commander : ici, choisir ce qu'on veut manger et demander à la personne qui travaille dans la salle du restaurant de l'apporter.

— Mais pourquoi cet homme s'est-il attaqué à Porthos plutôt qu'à tout autre ? demande Aramis ;

— Parce que Porthos est celui d'entre nous qui parle toujours le plus fort. On l'a pris pour notre chef, répond d'Artagnan. »

Et les voyageurs continuent leur route.

À Beauvais, on s'arrête pour faire reposer les chevaux et pour attendre Porthos. Au bout de deux heures, Porthos n'arrivant pas et ne faisant donner aucune nouvelle[3] de lui, on repart.

À quatre kilomètres de Beauvais, comme la route passe entre de grands arbres, huit ou dix hommes ont l'air de travailler à faire couler de l'eau sur la route.

Aramis qui n'aime pas se salir leur parle durement. Les hommes l'insultent, lui et ses amis, d'une telle façon qu'Athos lui-même se met en colère et pousse son cheval contre l'un d'eux.

Alors ces hommes courent jusqu'aux arbres, y prennent des armes qu'ils y ont cachées et tirent. Aramis reçoit une balle[4] à travers l'épaule et Mousqueton, le serviteur de Porthos, est touché au bas des reins[5]. Ne pouvant voir sa blessure, il se croit très sérieusement blessé et se laisse tomber de cheval, pendant qu'Athos crie : « Il ne faut pas répondre ou nous sommes perdus. En avant ! En avant ! »

Aramis suit avec peine, mais il suit. Le cheval de Mousqueton galope[6] à ses côtés.

« Cela nous fait un cheval de plus, remarque Athos.

— J'aimerais mieux un chapeau, dit d'Artagnan. J'ai perdu le mien. Une balle l'a emporté. Heureusement la « lettre » n'était pas dedans.

— Ah çà, mais ils vont tuer le pauvre Porthos quand il passera, dit Aramis.

3 Faire donner des nouvelles de lui : envoyer quelqu'un dire à ses amis ce qui lui est arrivé.
4 Balle : objet en métal que lance un fusil ou un pistolet. Il peut tuer ou blesser.
5 Les reins : le bas du dos.
6 Galoper : un homme court, un cheval galope.

– Si Porthos pouvait encore monter à cheval, il serait déjà là, dit Athos. L'étranger ne devait pas avoir bu[7] autant qu'il voulait le faire croire.»

Les chevaux courent toujours, mais au bout de deux nouvelles heures, ils semblent très fatigués et les trois amis se demandent si ces braves animaux pourront les porter beaucoup plus loin. À Crèvecœur, Aramis ne peut plus continuer. Il a perdu beaucoup de sang et à tout moment il manque de[8] tomber. On le descend à la porte d'une hôtellerie[9], on laisse Bazin, son serviteur, pour le soigner[10] et on repart pour Amiens.

«Nous ne sommes plus que quatre sur huit, dit alors Athos, et on ne me fera plus tirer l'épée d'ici à Calais.

– Espérons-le», reprend d'Artagnan et les deux amis poussent leurs chevaux de leur mieux.

Il est minuit quand ils arrivent à Amiens. Ils descendent[11] à l'auberge du «Lis d'or».

L'hôtelier[12] a l'air d'un brave homme. Il reçoit bien les voyageurs et leur dit qu'il va leur donner ses deux plus belles chambres. L'une est d'un côté de l'auberge et la deuxième de l'autre côté. Les deux amis disent qu'ils coucheront ensemble dans la grande salle du bas. Ils réclament[13] deux matelas[14], les jettent sur le sol et se couchent après avoir bien fermé la porte.

À ce moment Planchet frappe et dit : « Grimaud va garder les chevaux. Si ces messieurs veulent, je coucherai en travers[15] de leur porte ; de cette façon, ils seront sûrs qu'on n'arrivera pas jusqu'à eux.

---

7 Boire : ici, boire de l'alcool et ne plus savoir ce qu'on fait.
8 Il manque de : il va presque.
9 Une hôtellerie : sorte de petit hôtel, maison où on loue des chambres pour une ou plusieurs nuits.
10 Soigner : s'occuper d'un malade ou d'un blessé.
11 Descendre (dans un hôtel ou une auberge) : s'y arrêter et prendre une chambre.
12 L'hôtelier : le patron de l'hôtellerie.
13 Réclamer : demander.
14 Un matelas : c'est épais et confortable, on se couche dessus.
15 En travers : devant, au milieu, dans le sens de la largeur, pour fermer l'entrée et empêcher qu'on passe.

— Et sur quoi coucheras-tu ?

— Sur de la paille. Regardez, j'en ai apporté.

—Viens donc, dit d'Artagnan, tu as raison. L'hôtelier m'a l'air trop poli.

— Je le pense aussi », dit Athos.

La nuit se passe assez tranquillement. On essaie bien vers les deux heures du matin d'ouvrir la porte. Mais aux cris de Planchet, on répond qu'on s'est trompé. À quatre heures, on entend un grand bruit dans la cour. Planchet y court : il trouve Grimaud le front ouvert[16], couché près des chevaux. Ceux-ci ont l'air d'avoir été battus et ils sont si fatigués qu'ils ne pourraient repartir. Le cheval de Mousqueton est blessé à une patte. Il faudra louer[17] des chevaux ou en acheter.

Athos et Aramis se regardent. Trop d'accidents sont arrivés en une journée !…

« Ne perdons pas de temps », dit Athos et il rentre dans l'auberge pour payer la dépense[18].

D'Artagnan et Planchet décident de l'attendre près de la porte où sont attachés deux beaux chevaux tout prêts à partir.

On fait entrer Athos dans une petite chambre basse tout au fond de l'hôtel où deux hommes armés semblent en train de payer. « Sans doute, pense Athos, les chevaux qui sont à la porte sont à eux. »

L'hôtelier prend les pièces d'or qu'Athos lui présente. Il les tourne et les retourne dans ses mains, les fait sonner sur le bureau, puis se met à crier qu'elles sont fausses[19] et qu'il va faire arrêter les deux mousquetaires.

« Imbécile, dit Athos, je vais te couper les oreilles. »

Au même moment, les deux hommes qui étaient sortis, reviennent suivis de deux autres, dans la salle, l'épée à la main, et se jettent sur Athos.

---

16 Ouvert : ici, coupé ; il a une très grande blessure sur le front.

17 Louer : payer pour pouvoir les utiliser pendant quelque temps.

18 Payer la dépense : payer ce qu'on doit, ce qu'on a pris ou utilise.

19 Une fausse pièce : une pièce qui a l'air d'être vraie mais qui ne l'est pas.

« Je suis pris, crie celui-ci, de toutes ses forces. Pars, d'Artagnan !
Pars ! »

En même temps, il tire deux armes de ses poches.

D'Artagnan et Planchet ne se le font pas répéter. Ils détachent[20] les
chevaux qui attendaient à la porte, sautent dessus et partent aussi
vite qu'ils le peuvent.

« Sais-tu ce qu'est devenu Athos ? demande d'Artagnan à Planchet
tout en galopant.

— Ah ! Monsieur, dit Planchet, vous le savez : M. Athos fait
toujours vite. J'ai entendu deux coups de feu, j'ai vu deux hommes
tomber et M. Athos avait déjà tiré son épée.

— Brave Athos ! répond d'Artagnan. Jamais je ne me pardonnerai
de l'avoir laissé seul contre cinq, mais il le faut cependant. Et puis,
nous allons sans doute être attaqués à notre tour à deux pas d'ici.

---

20 Détacher : contraire de attacher, ici, libérer.

– En avant, Planchet, en avant ! Tu es un brave homme.

– Je suis né dans ce pays et cela me donne des forces. »

Ils arrivent à Saint-Omer sans se reposer une minute, et, à Saint-Omer même, mangent debout dans la rue à la porte d'un hôtel. Les voilà bientôt devant Calais. Mais à cent pas de la ville, le cheval de d'Artagnan tombe de fatigue et on ne peut le relever, le sang lui sort par le nez et par les yeux. Reste celui de Planchet, mais il n'est pas possible de le faire repartir.

Heureusement, comme nous l'avons dit, ils étaient à cent pas de la ville ; ils laissent leurs bêtes et courent au port[21]. Ils y arrivent juste derrière un gentilhomme et son serviteur tout couverts de poussière[22] et qui étaient en train de demander s'ils pouvaient passer tout de suite en Angleterre.

« Rien ne serait plus facile, répond le patron d'un bateau prêt à partir ; mais depuis ce matin personne ne peut s'embarquer[23] : ordre du cardinal.

– J'ai un laissez-passer[24] de lui, dit le gentilhomme en tirant un papier de sa poche, le voici.

– Il doit être signé aussi du gouverneur[25]. Allez et revenez. Je vous attends.

– Où trouverai-je le gouverneur ?

– Chez lui, à un kilomètre. Voyez la grande maison au-dessus de la ville.

–Très bien ! » dit le gentilhomme et il y va suivi de son domestique. D'Artagnan et Planchet les suivent et les rattrapent[26] dans un petit bois qu'il faut traverser.

---

21 Un port : endroit où l'on prend le bateau quand on voyage.

22 La poussière : terre très fine.

23 S'embarquer : monter à bord d'un bateau.

24 Laissez-passer : un papier signé par une personne du gouvernement qui permet d'aller là où on veut quand les autres ne peuvent pas le faire.

25 Gouverneur : personne qui dirige un pays ou une région au nom du roi.

26 Rattraper (quelqu'un) : arriver là où il est alors qu'on était loin derrière lui, le rejoindre.

« Monsieur, lui dit d'Artagnan, vous me paraissez très pressé ?

— C'est vrai, Monsieur.

— C'est malheureux, car je suis très pressé aussi et je voulais vous demander un service[27].

— Un service ?

— De me laisser passer le premier.

— Impossible, dit le gentilhomme, j'ai fait deux cent quarante kilomètres en quarante-huit heures, et il faut que demain à midi, je sois à Londres.

— J'ai fait le même chemin en quarante heures, et il faut que demain, à dix heures du matin je sois à Londres.

— Monsieur, je suis arrivé le premier, et je passerai le premier.

— Monsieur, je suis arrivé après vous, mais je passerai avant.

— Service du roi, dit le gentilhomme.

— Service de la reine, dit d'Artagnan.

— Que voulez-vous ?

— Je veux le laissez-passer que vous avez, car je n'en ai pas et il m'en faut un.

— Vous voulez rire ?

— Non et si vous ne me le donnez pas, je vais le prendre.

— Mon petit jeune homme, je vais vous casser la tête. Holà ! Lubin, à moi[28] !

— Planchet ! crie d'Artagnan, occupe-toi de ce Lubin, je vais m'occuper du maître. »

D'Artagnan n'a pas fini de parler que le nommé Lubin est à terre et qu'il a le genou de Planchet sur la poitrine.

Les deux seigneurs ont tiré leurs épées. En moins d'une minute, d'Artagnan a porté[29] trois coups en disant à chacun : « Un pour Athos, un pour Porthos, un pour Aramis. »

---

27 Demander un service : demander à quelqu'un de faire quelque chose pour nous aider.
28 À moi ! : cri qu'on pousse quand on est en danger.
29 Porter un coup : donner un coup, frapper.

Au troisième, le gentilhomme tombe. D'Artagnan le croit mort. Déjà il se penche pour prendre le laissez-passer, quand l'homme qui tenait toujours son épée lui en porte un coup dans la poitrine en disant :

« Et un pour vous.

— Et un pour moi », s'écrie d'Artagnan en frappant au ventre.

Le gentilhomme laisse tomber son arme et ferme les yeux. D'Artagnan prend le laissez-passer. Il est au nom du comte de Wardes. Et après un dernier regard à ce pauvre jeune homme de vingt-cinq ans qu'il a dû tuer peut-être, il se retourne vers Planchet et Lubin qui criait.

« Mets-lui ton mouchoir dans la bouche, dit d'Artagnan à Planchet… Voilà, c'est bien… Il ne reste plus maintenant qu'à l'attacher à cet arbre… Là, près de son maître… Et maintenant, chez le gouverneur !

— Mais vous êtes blessé, il me semble ! dit Planchet.

— Ce n'est rien. Occupons-nous de ce qui est le plus pressé, puis nous verrons. »

Arrivé à la maison du gouverneur, d'Artagnan se présente comme le comte de Wardes.

« Vous avez un ordre signé du cardinal ? demande le gouverneur.

— Oui, Monsieur, répond d'Artagnan, le voici.

— Il paraît que Son Éminence veut empêcher quelqu'un de passer en Angleterre.

— Oui, un certain[30] d'Artagnan, un mousquetaire qui est parti de Paris pour Londres avec trois amis.

— Le connaissez-vous ?

— Très bien. C'est un jeune homme de vingt-cinq ans environ, grand et beau. Il a un serviteur du nom de Lubin.

---

30 Un certain d'Artagnan : quelqu'un qui dit s'appeler d'Artagnan et qu'on ne connaît pas.

– Je m'occuperai d'eux et les renverrai à Paris entre quatre hommes.

– Le cardinal vous en sera très reconnaissant , soyez-en sûr.

– Le verrez-vous à votre retour ?

– Le cardinal ?… Bien sûr.

– Dites-lui que je suis bien son serviteur.

– Je n'y manquerai pas. »

En disant ces mots, le gouverneur signe à son tour le laissez-passer et le remet à d'Artagnan qui salue et sort sans perdre de temps.

Au port il trouve le patron du bateau qui attend.

« Et l'autre gentilhomme ? demande-t-il.

– Il ne partira pas aujourd'hui, dit d'Artagnan, mais soyez tranquille, je paierai le passage pour deux.

– Alors partons ! » dit le patron.

Il était temps. Au moment où le bateau entre en mer, un coup de canon se fait entendre : aucun navire ne pourra plus sortir du port.

Il est temps aussi pour d'Artagnan de s'occuper de sa blessure. Heureusement, elle n'est pas profonde. L'épée a rencontré une côte. La chemise a collé à l'os et peu de sang a coulé. Planchet fait un pansement et sans plus s'en occuper, d'Artagnan se couche sur un matelas et s'endort.

CHAPITRE 8

LA COMTESSE DE WINTER

À dix heures le lendemain, d'Artagnan est à Douvres. À quatre heures il entre à Londres et se fait conduire au palais du premier ministre. Le duc le reçoit tout de suite.

« Il n'est pas arrivé malheur à la reine ? s'écrie-t-il.

— Je ne crois pas, répond d'Artagnan, mais elle est en danger et vous seul, vous pouvez la sauver.

— Moi ? Comment ? Parlez !

— Prenez cette lettre.

— Cette lettre ! De qui vient-elle ?

— De la reine. »

Le duc lit, puis se lève.

« Suivez-moi ! » dit-il.

Il sort et marche si vite que d'Artagnan le suit avec peine. Tous deux traversent plusieurs salons plus beaux les uns que les autres. Ils arrivent enfin dans une chambre toute tendue de soie[1]. Dans le fond, fortement éclairé, se trouve un grand portrait[2] d'Anne d'Autriche si ressemblant que d'Artagnan croit que la reine va parler et qu'il pousse un cri.

Devant le portrait il y a un coffret. Le duc l'ouvre :

« Tenez, dit-il, voilà les diamants. La reine me les a donnés. La reine me les reprend. Qu'il en soit comme elle le veut. »

Puis il pose ses lèvres sur les diamants. Mais tout à coup il pousse un cri.

---

1 Tendue de soie : tous les murs sont couverts de grands morceaux de tissu très beau et très fin en soie.

2 Un portrait : image d'une personne (peinture ou dessin).

« Qu'y a-t-il ? demande d'Artagnan, et que vous arrive-t-il, milord ?

— Tout est perdu ! Il manque deux diamants. Il n'y en a plus que dix.

— Milord les a-t-il perdus, ou croit-il qu'on les lui a volés ?

— On me les a volés, reprend le duc, et c'est le cardinal qui a fait le coup[3] ! Tenez, voyez : les pierres ont été arrachées... non, coupées avec des ciseaux.

— Peut-être le voleur a-t-il encore les pierres ? Essayez de vous rappeler.

— Attendez ! je n'ai mis ces pierres qu'une fois, au bal du roi, il y a huit jours, à Windsor... Je me rappelle maintenant : la belle comtesse de Winter, mon ennemie depuis des mois, l'amie du cardinal je le sais, est venue à moi. Elle m'a souri. Elle m'a parlé de très près et s'est penchée vers moi plusieurs fois. C'est elle.

---

3 Faire un coup : faire quelque chose de mal ; ici, il les a fait voler.

— Il y a donc des agents du cardinal même auprès de vous ?

— Il y en a partout. Cet homme est terrible… Mais quel jour la reine doit-elle avoir ces pierres ?

— Lundi prochain.

— Lundi prochain ! Cinq jours encore. C'est plus de temps qu'il ne nous en faut. Patrice ! vite ! crie le duc en ouvrant la porte. Patrice ! Mon joaillier ! Je veux qu'il soit ici dans cinq minutes. » Puis Buckingham s'assied et écrit.

« Jusqu'à nouvel ordre[4], dit-il en se relevant, aucun bateau ne pourra sortir des ports de ce pays. Si les diamants ne sont pas déjà partis pour la France, Monsieur d'Artagnan, vous arriverez avant eux. » Peu après, le joaillier entre.

« Monsieur O'Reilly, lui dit le duc, voyez ces diamants et dites-moi ce qu'ils valent chacun.

— Quinze cents pièces d'or au moins.

— Combien faut-il de jours pour faire deux diamants semblables ? Vous voyez qu'il en manque deux.

— Huit jours, milord.

— Je les paierai trois mille pièces d'or chacun ; mais il me les faut après-demain.

— Milord les aura.

— Je ne peux vous laisser rien emporter. Il faut les faire ici.

— Impossible.

—Vous travaillerez dans cette chambre et vous ne sortirez pas avant que tout soit fini. Faites apporter tout ce qui vous est nécessaire.

— Est-ce que je pourrai au moins prévenir ma femme ? répond le joaillier qui connaît le duc et qui sait qu'il est inutile de discuter[5].

— Oh ! il vous sera même permis de la voir, mon cher Monsieur O'Reilly. Vous êtes prisonnier ; mais je veux que la prison vous soit

---

4 Jusqu'à nouvel ordre : en attendant que je décide autre chose et que je vous le dise.

5 Discuter : parler pour essayer de faire changer d'idée à quelqu'un, lui dire qu'on n'est pas d'accord.

agréable et je vous donnerai encore mille pièces d'or en plus de ce que nous avons dit.

— Maintenant, mon jeune ami, dit le duc à d'Artagnan, l'Angleterre est à nous deux. Que voulez-vous ?

— Un lit », répond d'Artagnan.

Buckingham le fait coucher dans la chambre à côté… « pour avoir quelqu'un à qui parler de la reine ».

Deux jours plus tard, les deux diamants étaient prêts, pareils en tous points aux dix premiers.

« Tenez, dit Buckingham à d'Artagnan, voilà ce que vous êtes venu chercher. »

Et il lui tend les diamants.

« Vous ne me donnez pas la boîte ? demande le jeune homme.

Elle vous gênerait, et, pour moi, elle vaut d'autant plus qu'elle me reste seule. Vous direz que je la garde.

— Eh bien ! adieu, dit d'Artagnan déjà prêt à partir.

— Vous vous en allez comme cela sans savoir par où ni comment ? Vous ne doutez vraiment de rien.

— J'avais oublié que l'Angleterre est une île, et que vous en êtes le roi.

— Allez au port, demandez le *Sund*, un bon bateau et remettez cette lettre au commandant[6]. Il vous conduira à un petit port de France où on ne vous attend pas.

— Ce port s'appelle ?

— Saint-Valéry. Arrivé là, vous entrerez dans une mauvaise auberge ; il n'est pas possible de vous tromper, c'est la seule.

— Après ?

— Vous demanderez l'hôtelier et vous direz : *Forward*.

— Ce qui veut dire ?

— En avant : c'est le mot d'ordre. Il vous donnera un cheval et vous dira la route à suivre. Quatre hôtels et quatre chevaux vous

---

6 Le commandant : celui qui dirige un bateau, le chef à bord du bateau.

attendent de Saint-Valéry à Paris. Les chevaux vous seront envoyés par la suite si vous les trouvez assez bons et vos trois amis en auront autant besoin que vous… pour nous faire la guerre.

– D'accord. Et nous saurons, je vous le promets, nous en servir.

– Maintenant, votre main, jeune homme. Peut-être nous rencontrerons-nous bientôt sur un champ de bataille[7] ; mais, en attendant, nous nous quittons bons amis, je l'espère.

– En attendant… »

D'Artagnan salue, puis court au port. Il remet la lettre au capitaine du *Sund* que cinquante bateaux regardent partir avec envie. En passant bord à bord[8] avec l'un d'eux, d'Artagnan croit reconnaître la femme de Meung, celle que Rochefort avait appelée Milady et que lui, d'Artagnan, avait trouvée si belle…

---

7 Un champ de bataille : l'endroit où deux armées ennemies se battent.

8 Bord à bord : ils passent tellement près de l'autre bateau que les bords se touchent.

Le lendemain, vers neuf heures du matin, le bateau est à Saint-Valéry. Dans l'auberge, d'Artagnan va droit au patron, et, le regardant bien dans les yeux, dit le mot « forward ». L'hôtelier lui fait signe de la main, sort par une porte qui donne dans la cour, le conduit près d'un cheval prêt à partir et lui demande s'il a besoin d'autre chose.

« J'ai besoin de connaître la route que je dois suivre, dit d'Artagnan.

– Allez d'ici à Blengy, de Blengy à Neufchâtel. À Neufchâtel, entrez à l'auberge de la "Herse d'or", donnez le mot d'ordre à l'hôtelier et vous recevrez comme ici un cheval.

– Dois-je quelque chose[9] ? demande d'Artagnan.

– Tout est payé, dit l'hôtelier. Allez donc et que Dieu vous conduise !

– Ainsi soit-il[10] ! » répond le jeune homme en sautant à cheval.

Quatre heures après, il est à Neufchâtel. Il y trouve comme à Saint-Valéry un cheval qui l'attend.

« Votre adresse à Paris ? demande le patron.

– Hôtel des Gardes, chez M. des Essarts. Quelle route faut-il prendre ?

– Celle de Rouen ; mais vous laisserez la ville à votre droite. Au petit village d'Éconis, vous vous arrêterez à "L'eau de France", une petite auberge et la seule. Un cheval qui vaudra celui-ci attendra encore.

– Même mot d'ordre ?

– Le même.

– Adieu, patron.

– Bon voyage, gentilhomme. »

Tout se passe bien jusqu'à Éconis. À Pontoise, d'Artagnan change une dernière fois de cheval, et à dix heures du soir, il entre dans la cour de l'hôtel de M. de Tréville. M. de Tréville le reçoit comme s'il l'avait vu le matin même. Seulement, en lui serrant la main un peu plus longtemps que d'habitude, il lui dit que les gardes de M. des Essarts sont de service au Louvre et qu'il peut donc y aller tout de suite.

---

9 Dois-je quelque chose ? : est-ce que je dois payer quelque chose ?
10 Ainsi soit-il : expression religieuse qu'on dit après les prières. Elle veut dire j'espère que Dieu entendra cette prière.

CHAPITRE 9

LE BAL

Depuis huit jours, des dizaines d'ouvriers travaillent à l'Hôtel de Ville. Ils préparent le grand bal décidé par le roi ou plutôt par le cardinal. Tout Paris ne parle plus que de la fête.

À minuit, on entend de grands cris dans les rues : c'est le roi qui sort du Louvre. De nombreux seigneurs l'entourent. Ils sont couverts d'habits tout cousus d'or et ils ont l'air gai. Seul, le roi a l'air triste et tout le monde remarque qu'à son arrivée, il demande à voir tout de suite le cardinal.

Peu après le roi, la reine arrive au milieu de ses femmes. Elle est conduite dans une chambre de l'autre côté de celle que le roi occupe et où il doit se préparer pour la danse.

Le cardinal qui se rend auprès du roi la voit arriver. Un sourire terrible passe sur ses lèvres : la reine n'a pas ses diamants. Il entre chez le roi et presque tout de suite, sans avoir fini de boutonner[1] son habit, le roi sort. Il marche droit jusqu'à la chambre de la reine et lui dit d'une voix sèche[2] :

« Madame, pourquoi donc, s'il vous plaît, n'avez-vous pas ces diamants que je vous ai donnés et que j'aurais plaisir à voir ?

— Sire, répond la reine, parce qu'au milieu de tant de gens, j'ai eu peur qu'ils ne soient volés.

— Et vous avez tort, Madame ! Si je vous les ai offerts, c'est pour que vous les portiez. Je vous le répète : vous avez eu tort. »

---

1 Boutonner : fermer les boutons.
2 Sèche : ici, dure, qui ne montre aucune gentillesse.

La voix du roi monte et sa colère est remarquée de tous. Le silence se fait. Chacun regarde et écoute, ne comprenant rien à ce qui se passe.

« Sire, dit enfin la reine, si vous le voulez, je peux les envoyer chercher[3] au Louvre, où ils doivent être.

— Faites, Madame, faites, et cela au plus tôt : dans une heure la danse va commencer. »

Le roi entre alors dans son appartement. Quand il a fini de se préparer, le cardinal vient à lui et lui remet une boîte. Le roi l'ouvre. Il y voit deux diamants.

« Que veut dire cela ? demande-t-il.

— Rien, répond le cardinal ; seulement si la reine porte ses diamants, ce qui n'est pas sûr, comptez-les, sire, et si vous n'en trouvez que dix, demandez-lui qui pouvait avoir les deux que voici. »

Le roi regarde le cardinal. Il va lui poser une question. Il n'en a pas le temps. Au moment même la reine entre dans la salle prête pour le bal. Elle porte des diamants. Elle est si belle que tous poussent un cri. Le roi lui-même sourit et s'avance.

La danse commence. Le roi est en face de la reine et chaque fois qu'il passe devant elle, il essaie de compter les diamants. Le cardinal de loin regarde aussi. Il reste debout, les dents serrées[4].

Pendant une heure, les danseurs vont et viennent, avancent et reculent, se saluent. Il y a seize entrées[5]. Mais enfin la musique s'arrête. Les hommes conduisent les dames à leur place. Le roi avance vers la reine.

« Je vous remercie, Madame, lui dit-il, d'avoir bien voulu mettre

---

3 Envoyer chercher : demander à quelqu'un d'aller nous apporter quelque chose.

4 Les dents serrés : il appuie ses dents les unes sur les autres et ne dit rien. Cela montre qu'il est très en colère.

5 Une entrée : dans les danses d'autrefois, hommes et femmes se tenaient à quelques pas les uns des autres et se saluaient avant et après chaque danse.

ces diamants. Mais je vous en avais donné douze. Il en manque deux et je vous les rapporte. »

À ces mots, il tend à la reine les diamants que le cardinal lui a remis.

« Comment, sire, répond la reine d'une voix claire, vous m'en donnez encore deux autres ; mais alors cela m'en fera quatorze. Comptez vous-même. »

Le roi se penche et compte. Il y a bien douze diamants sur l'épaule de la reine et deux dans sa main.

« Que veut dire cela ? demande-t-il au cardinal.

– Rien, répond celui-ci ; seulement que je voulais offrir moi aussi des diamants à Sa Majesté et que je n'osais pas les présenter moi-même.

– Et je vous remercie de tout mon cœur, fait la reine, d'autant plus que ces deux diamants – j'en suis sûre – ont coûté à eux seuls aussi cher que les douze autres à Sa Majesté. »

La reine salue alors le roi et le cardinal, puis elle reprend le chemin de la chambre où elle s'est habillée et où elle doit se reposer en attendant la deuxième et la dernière danse.

D'Artagnan, lui, a regardé de loin. Il va partir quand il sent que quelqu'un lui touche l'épaule. Il se retourne et voit une jeune femme qui lui fait signe de la suivre. Cette jeune femme a le visage caché sous un voile[6] et on voit seulement ses yeux. Mais d'Artagnan reconnaît tout de suite Madame Bonacieux. Il ne l'a encore vue que quelques minutes pour lui remettre les diamants et son cœur bat. Il la suit.

Madame Bonacieux l'emmène dans une chambre, puis dans une autre et enfin après une minute à deux de marche, le doigt sur la bouche, ouvre une porte et lui fait signe d'entrer dans une petite

---

6 Un voile : tissu très fin que les femmes autrefois se mettaient devant le visage et à travers lequel elles pouvaient voir.

pièce sombre. Elle le pousse contre une tenture[7] qui coupe la salle en deux, lui dit à voix basse de rester là et disparaît.

D'Artagnan se demande où il est ; mais bientôt il entend tout contre lui des femmes parler à quelqu'un et répéter plusieurs fois le mot « Majesté ». Il comprend qu'on l'a fait entrer dans la chambre même où la reine se repose. Il attend longtemps.

La reine paraît gaie et heureuse, ce qui semble étonner les femmes qui l'entourent et qui depuis longtemps la savaient triste. D'Artagnan l'entend aller et venir et tout à coup une longue main et un beau bras passent à travers le tissu. D'Artagnan se laisse tomber sur les genoux, prend cette main et y pose les lèvres. Une bague est mise à son doigt, puis la main se retire. D'Artagnan se retrouve seul...

Madame Bonacieux revient.

« Vous, enfin ! s'écrie d'Artagnan.

— Silence ! » dit la jeune femme en posant sa main sur les lèvres du jeune homme.

« Silence ! et allez-vous-en par où vous êtes venu.

— Mais quand et où vous reverrai-je ?

— Je vous le ferai dire chez M. de Tréville. Restez chez lui, croyez-moi. Cela est plus sûr pour vous. Allez ! partez ! »

Et à ces mots, elle ouvre la porte et pousse d'Artagnan hors de la pièce en lui envoyant du doigt un baiser.

« Elle m'aime, pense d'Artagnan : je n'ai plus peur du cardinal ! »

---

7 Une tenture : un tissu épais qu'on accroche dans une pièce pour la rendre plus jolie et pour se protéger du froid.

Activités

1 💿 piste 1 → **Écoutez et cochez les noms que vous entendez.**

☐ **1.** D'Artagnan, Athos,
Porthos, Aramis
☐ **2.** Le père de d'Artagnan
☐ **3.** Monsieur de Tréville
☐ **4.** L'homme de Meung
☐ **5.** Les Gascons

☐ **6.** Monsieur de la Porte
☐ **7.** Milady
☐ **8.** Le duc de Buckingham
☐ **9.** Monsieur des Essarts
☐ **10.** Bonacieux

2 💿 piste 1 → **Écoutez et classez ces informations dans leur ordre chronologique (de 1 à 7) : écrivez les numéros.**

a. Athos et Porthos montent dans la chambre de d'Artagnan. → ......

b. Des gardes du cardinal arrivent chez d'Artagnan. → ......

c. D'Artagnan surprend Planchet à écouter derrière la porte. → ......

d. Bonacieux donne une lettre à d'Artagnan. → ......

e. D'Artagnan met en garde ses amis contre le cardinal de Richelieu. → ......

3 💿 piste 1 → **Avez-vous bien compris ? Écoutez et répondez Vrai ou Faux.**

	Vrai	Faux
1. Madame Bonacieux a été enlevée.	☐	☐
2. Les hommes du cardinal Richelieu surveillent la reine en permanence.	☐	☐
3. M. Bonacieux réclame à d'Artagnan l'argent qu'il lui doit.	☐	☐
4. M. Bonacieux suggère à d'Artagnan de servir le cardinal.	☐	☐
5. Athos et Porthos croisent M. Bonacieux chez d'Artagnan.	☐	☐

6. D'Artagnan vient en aide à M. Bonacieux contre les gardes.

□ □

4 **Mettez les mots dans l'ordre pour faire des phrases (ce sont des phrases négatives).**

1. ai – demandé. – Je – rien – vous – ne

....

2. vous. – m' – de – pas – occuperai – ne – Je

....

3. l' – Ne – pas – vous – remarqué – avez – ?

....

4. brave. – noble – ni – ni – suis – Je – ne

....

5 **Répondez à la question suivante.**

Pourquoi une fausse lettre de la reine a-t-elle été envoyée au duc de Buckingham ?

....

....

CHAPITRE 2

1 piste 2 → **Avez-vous bien compris ? Écoutez et associez informations et personnages.**

1. Cette personne saute par la fenêtre.

2. Cette personne descend par la fenêtre avec des draps.

3. Cette personne n'est pas chez elle.

4. Cette personne écoute le mot de passe.

5. Cette personne regarde sa pendule.

6. Cette personne transmet le mot de passe.

a. Madame Bonacieux

b. Athos

c. La Porte

d. Monsieur de Tréville

e. Germain

f. D'Artagnan

2 🎵 piste 2 → **Avez-vous bien compris ? Écoutez et cochez les réponses correctes.**

1. La reine :
- ☐ a. a les yeux sombres
- ☐ b. a les yeux rouges
- ☐ c. crie

2. Qui ramasse le mouchoir ?
- ☐ a. un garde du cardinal
- ☐ b. d'Artagnan
- ☐ c. Aramis

3. Le mot de passe est :
- ☐ a. Bruxelles et Louvre
- ☐ b. Tours et Bruxelles
- ☐ c. Louvre et Tours

3 🎵 piste 2 → **Avez-vous bien compris ? Écoutez et complétez avec l'expression de temps qui convient.**

à cette heure-ci – après – au bout d'un très court moment – depuis toujours – en quelques minutes

1. Le roi fait surveiller la maison de beaucoup de gens
....

2. ...., quatre hommes de la maison de madame Bonacieux sortent en courant.

3. La Porte s'arrête .... avoir fait quelques pas.

4. Athos n'est pas chez lui ....

5. D'Artagnan arrive au Louvre et trouve Germain ....

4 **Répondez à la question suivante.**

Pourquoi Madame Bonacieux ne peut-elle pas dire à d'Artagnan que son mari court un risque ?

....

....

CHAPITRE 3

1 💿 piste 3 → **Avez-vous bien compris ? Écoutez et répondez Vrai ou Faux.**

	Vrai	Faux
1. D'Artagnan traverse un jardin en même temps qu'une jeune femme qui compte les maisons.	☐	☐
2. Dans la maison d'Aramis, il y a une femme inconnue qui sort un mouchoir de sa poche.	☐	☐
3. D'Artagnan suit une femme, la rattrape et la prend dans ses bras.	☐	☐
4. Une jeune femme se cache derrière un des mousquetaires.	☐	☐

2 💿 piste 3 → **Avez-vous bien compris ? Écoutez et classez les actions par ordre chronologique (il y a 2 passages différents).**

A. ☐ a. D'Artagnan voit une jeune femme sortir un mouchoir.

☐ b. D'Artagnan se cache dans un coin sombre.

☐ c. D'Artagnan passe devant la maison d'Aramis.

☐ d. D'Artagnan voit une ombre venir à lui.

☐ e. D'Artagnan aide une jeune femme à se relever.

B. ☐ a. Athos a été confondu avec d'Artagnan.

☐ b. Quatre gardes sont conduits chez d'Artagnan.

☐ c. Athos est arrêté.

☐ d. D'Artagnan veut voir Monsieur de Tréville.

☐ e. Les affaires de d'Artagnan sont examinées.

3 **Avez-vous bien compris ? Écoutez et soulignez la réponse correcte.**

1. Pourquoi Athos ne dit-il pas son nom aux gardes ?

a. Pour ne pas aller en prison

b. Pour être arrêté à la place de d'Artagnan

2. Pourquoi le duc de Buckingham n'est-il pas reparti en Angleterre ?

a. Pour rencontrer la reine

b. Pour se battre contre d'Artagnan

3. Que fait d'Artagnan pour rencontrer le duc de Buckingham ?

    a. Il marche derrière lui et le pousse.

    b. Il passe devant lui et se retourne.

4. Quand la reine acceptera-t-elle de voir le duc ?

    a. Quand il sera protégé et qu'elle n'aura plus peur pour lui

    b. Quand il lui rendra le coffret et que la guerre sera finie

4 **Quel sens donnez-vous à cette phrase que le duc dit à la reine ?**

> J'ai été un fou de croire que la neige pourrait fondre, que la pierre pourrait vivre.

....

....

CHAPITRE 4

1 piste 4 →**Avez-vous bien compris ?**

Répondez aux questions.

1. Quels nouveaux personnages apparaissent ? Qu'apprenez-vous d'eux ?

....

....

2. Athos et d'Artagnan se ressemblent-ils ?

....

....

3. Pourquoi le cardinal est-il content d'avoir influencé monsieur Bonacieux ?

....

....

4. Quel ordre le cardinal donne-t-il à Milady dans la lettre ?

....

....

2 🔘 piste 4 →**Avez-vous bien compris ? Écoutez et cochez les réponses correctes.**

1. Monsieur Bonacieux :
- ☐ a. change d'avis
- ☐ b. confirme ce qu'il a dit
- ☐ c. répète ce que sa femme lui a dit

2. Qui a donné des bijoux à la reine ?
- ☐ a. le duc de Buckingham
- ☐ b. le roi
- ☐ c. la duchesse de Chevreuse

3. Le cardinal :
- ☐ a. donne 200 pièces d'or à Monsieur Bonacieux
- ☐ b. envoie 300 pièces d'or à Milady
- ☐ c. promet 400 pièces d'or à Vitray

4. Rochefort est l'homme qui a :
- ☐ a. enlevé madame Bonacieux
- ☐ b. arrêté monsieur Bonacieux
- ☐ c. donné un mouchoir à la reine

3 Complétez les phrases.

*a du mal à – ce n'est pas la peine – dire du mal –
faire de la peine – faire du mal*

1. On .... dire du bien de cet homme qui

n'arrête pas de .... de tout le monde et de

.... à ses amis.

2. Cette femme est cruelle : elle .... aux gens

qui l'aiment. .... de l'aider.

4 Transformez les phrases pour donner un ordre.

Exemple : Personne ne doit lui parler. → *Que personne ne lui parle !*

1. Ils doivent venir immédiatement. → ....

....

2. Elle doit attendre. → ....

....

3. Elles doivent être prêtes avant 9 heures ce soir. → ....

....

5 À votre avis, Monsieur Bonacieux est-il volontairement ou involontairement stupide ? Justifiez.

....

....

CHAPITRE **5**

---

1 💿 piste 5 → **Avez-vous bien compris ? Écoutez et répondez Vrai ou Faux. (1ʳᵉ partie du chapitre : jusqu'à « ...dit le cardinal qui se sent battu »)**

	Vrai	Faux
1. Monsieur de Tréville va voir le roi au Louvre pour se plaindre de ce qu'a fait Athos.	☐	☐
2. Le cardinal a un rapport écrit de ce qui s'est passé entre les mousquetaires et ses gardes	☐	☐
3. Le cardinal a du mal à croire ce que raconte le capitaine des mousquetaires.	☐	☐
4. Monsieur de Tréville menace de donner sa démission si le roi ne lui fait pas confiance.	☐	☐

2 💿 piste 5 → **Avez-vous bien compris ? (2ᵉ partie du chapitre : à partir de « La nuit...» jusqu'à « ...s'endort ») Répondez aux questions.**

1. Que fait le roi cette nuit-là ?

....

....

2. Quel ordre le roi donne-t-il à la reine ?

....

3. Qui a entendu le roi parler à la reine ?

....

....

piste 5 →**Avez-vous bien compris ? Qui prononce ces phrases ?**

1. Celui-ci a peut-être donné de mauvais
conseils.

a. Le roi

2. Comment faire ? Comment y arriver ?

b. Le cardinal

3. Il partira sur un ordre de moi.

c. De Tréville

4. Je peux la donner à qui me plait.

d. Mme Bonacieux

5. J'espère que monsieur Cahusac va mieux.

e. La reine

6. La France n'est pas en danger parce qu'on
arrête un mousquetaire.

4 **Complétez le texte avec l'expression imagée qui convient.**

*a quelque chose sur le cœur – a la vie des gens entre ses mains – se
mordre les lèvres – lire au fond de son cœur*

Le roi est très puissant, il ...., mais
aujourd'hui, il est triste et sombre, il ....
Vous avez raison, il n'arrête pas de .... Vous le
connaissez bien ! Vous pouvez .... !

5 **« Deux choses en même temps ». Faites des phrases en utilisant
le gérondif (en + ...-ant).**

1. D'Artagnan part et il court.

....

2. Madame Bonacieux crie et se jette entre les deux hommes.

....

3. Les gardes sortent et ils remercient d'Artagnan.

....

4. Le cardinal réfléchit et se mord les lèvres.

....

6 Quel sens donnez-vous à la phrase : « Écrit de gens de robe contre parole de gens d'épée. »

....

....

CHAPITRE **6**

1 💿 piste 6 →**Avez-vous bien compris ? Écoutez et répondez Vrai ou Faux. (1ʳᵉ partie du chapitre : jusqu'à « ...la reine veut envoyer quelqu'un à Londres »)**

	Vrai	Faux
1. Monsieur Bonacieux attend le retour de sa femme pendant quelques heures.	☐	☐
2. Monsieur Bonacieux reçoit la visite de Rochefort.	☐	☐
3. Monsieur Bonacieux reconnaît avoir reçu de l'argent du cardinal.	☐	☐
4. Monsieur Bonacieux menace de faire arrêter sa femme une deuxième fois.	☐	☐
5. Monsieur Bonacieux et madame Bonacieux se mentent l'un à l'autre.	☐	☐

2 💿 piste 6 →**Avez-vous bien compris ? Écoutez et cochez les réponses correctes.**

1. D'Artagnan habite :
☐ **a.** au-dessous de chez Madame Bonacieux
☐ **b.** au-dessus de chez Madame Bonacieux
☐ **c.** en face de chez Madame Bonacieux

2. D'Artagnan propose d'aller :
☐ **a.** à Londres
☐ **b.** voir la reine
☐ **c.** rencontrer le cardinal

3. D'Artagnan demande à monsieur de Tréville:
- ☐ **a.** de l'argent
- ☐ **b.** une autorisation
- ☐ **c.** un sac

4. Qui pense que Madame Bonacieux est un peu stupide ?
- ☐ **a.** Rochefort
- ☐ **b.** Monsieur Bonacieux
- ☐ **c.** le domestique de d'Artagnan

5. Monsieur Bonacieux rêve de :
- ☐ **a.** payer des impôts
- ☐ **b.** vivre au Louvre
- ☐ **c.** devenir noble

3 **Soulignez les adjectifs qui vous semblent qualifier Monsieur Bonacieux. Vous pouvez vous aider d'un dictionnaire.**

autoritaire – idiot – impatient – intéressé – jaloux – malhonnête –
menteur – paresseux – servile – vénal – xénophobe

4 **Quel est le mot caché ? Complétez la grille.**

		1						
2								
3							
4								
		5				
6							
7								

1. Couple marié.
2. Donner un coup.
3. Travailler pour, être utilisé comme.
4. Sans aucune intelligence.
5. Détester.
6. Action de porter les yeux sur quelqu'un ou quelque chose.
7. Interdire ou protéger.
Mot caché : Occupation de monsieur Bonacieux.

5 **Répondez à la question suivante.**

Que pensez-vous de Madame Bonacieux : son attitude vis-à-vis de la reine, de son mari, de d'Artagnan… ?

....

....

CHAPITRE **7**

1 🔘 piste 7 → **Avez-vous bien compris ? Associez où et quoi.**

1. Amiens
2. Beauvais
3. Calais
4. Chantilly
5. Crèvecœur

a. Porthos veut boire à la santé du roi.
b. Des hommes travaillent sur une route.
c. Un des mousquetaires est épuisé et tombe presque de son cheval.
d. Les mousquetaires vont à l'auberge du Lis d'Or.
e. Le cheval de d'Artagnan saigne fortement.

2 **Avez-vous bien compris ? Qui est « on », de qui s'agit-il ? Soulignez la réponse correcte.**

1. On l'a pris pour notre chef.
   a. L'homme qui boit à la santé des mousquetaires
   b. Le serviteur des mousquetaires

2. On s'arrête pour faire reposer les chevaux et on repart.
   a. D'Artagnan, Porthos et Aramis
   b. Athos, Aramis et d'Artagnan

3. On le descend à la porte d'une hôtellerie.
   a. Bazin, d'Artagnan et Athos
   b. Mousqueton, d'Artagnan et Athos

4. On essaie bien d'ouvrir la porte de la salle de l'auberge du Lis d'Or, on dit qu'on s'est trompé.
   a. Planchet et l'hôtelier
   b. L'hôtelier

5. On fait entrer Athos dans une petite chambre.
   a. L'aubergiste
   b. D'Artagnan et Planchet

3 **Répondez aux questions suivantes.**

1. Pourquoi l'étranger, à Chantilly, tire-t-il son épée contre Porthos ?

....

2. Pourquoi Athos se met-il en colère ?

....

3. Pourquoi d'Artagnan et le gentilhomme se battent-ils ?

....

4. Pourquoi d'Artagnan est-il prêt à payer deux passages en bateau ?

....

4 **Mettez les mots ou groupes de mots en ordre pour faire des phrases.**

1. attaqué / cet homme / à Porthos / qu'à / Pourquoi / plutôt / s'est-il / tout autre ?

....

2. d'Artagnan / s'en occuper / sur un matelas. / Sans / se couche / plus,

....

3. d' / battus. / l'air / Ceux-ci / avoir été / ont

....

4. en Angleterre. / son Éminence / que / quelqu'un / Il paraît / empêcher / passer / de / veut

....

5 **Classez les verbes dans le tableau.**

commander – se jeter – détacher – réclamer – insulter – se taire –
se pencher – rattraper – suivre – s'écrier – répeter – pousser

communication orale	mouvement
....	....
....	....
....	....

6 Entre Paris et Calais, d'Artagnan et ses amis échappent à leurs ennemis. Quel moment vous semble le plus spectaculaire ?

....

....

....

CHAPITRE 8

1 🔘 piste 8 → **Avez-vous bien compris ? Écoutez et répondez aux questions.**

1. Que demande le duc de Buckingham à Patrice O'Reilly ?

....

2. Où le joaillier va-t-il travailler ?

....

3. Combien de temps d'Artagnan met-il pour aller de Londres à Paris ?

....

4. Pourquoi d'Artagnan est-il prêt à payer deux passages en bateau ?

....

2 🔘 piste 8 → **Avez-vous bien compris ? Écoutez et cochez les réponses correctes.**

1. Le duc de Buckingham et d'Artagnan discutent dans :
☐ a. un salon
☐ b. un bureau
☐ c. une chambre

2. Les salons :
☐ a. ont des portraits de la reine
☐ b. sont tous magnifiques
☐ c. ont des murs couverts de soie

3. Le joaillier va recevoir :
☐ a. 3 000 pièces d'or
☐ b. 7 000 pièces d'or
☐ c. 10 000 pièces d'or

4. Le duc de Buckingham veut :

☐ **a.** parler de d'Artagnan à la reine
☐ **b.** que d'Artagnan parle à la reine
☐ **c.** parler de la reine avec d'Artagnan

3 **Associez les parties de phrases.**

1. Il marche si vite	**a.** que tout soit fini
2. Je n'ai mis ces pierres	**b.** qu'il ne nous en faut
3. C'est plus de temps	**c.** qu'elle me reste seule
4. Vous ne sortirez pas avant	**d.** qu'une fois
5. Elle vaut d'autant plus	**e.** que d'Artagnan le suit avec peine

4 **Mettez les lettres en ordre pour retrouver les formes verbales.**

1. On .... d'Artagnan au palais du duc. (cdinotu)

2. On a .... les pierres de l'habit du duc. (aacéhrr)

3. Le joaillier ne peut pas

.... les pierres. (eemporrt)

4. Il doit .... une lettre au commandant. (eeemrrtt)

5. Deux diamants

.... dans le coffret. (aemnnqtu)

6. Le coffret va peut-être

.... d'Artagnan. (eêgnr)

5 **D'Artagnan est un homme courageux, franc et très direct mais il manque de retenue, il est sans gêne. Il a les qualités de ses défauts et les défauts de ses qualités. Qu'en pensez-vous ?**

....

....

....

CHAPITRE 9

1 🔘 piste 9 → **Avez-vous bien compris ? Écoutez et répondez Vrai ou Faux.**

	Vrai	Faux
1. Le bal a lieu au palais du Louvre.	☐	☐
2. La reine arrive après le roi.	☐	☐
3. Le roi avait peur qu'on vole les diamants de la reine.	☐	☐
4. Le cardinal vérifie le nombre de pierres que porte la reine.	☐	☐
5. Madame Bonacieux fait entrer d'Artagnan dans l'appartement de la reine.	☐	☐

2 🔘 piste 9 → **Avez-vous bien compris ? Écoutez et mettez les phrases l'ordre.**

☐ a. Madame Bonacieux envoie un baiser à d'Artagnan.

☐ b. Madame Bonacieux pousse d'Artagnan contre une tenture.

☐ c. D'Artagnan et Madame Bonacieux marchent ensemble quelques instants.

☐ d. Des ouvriers préparent la salle de bal.

☐ e. Le cardinal Richelieu montre deux diamants au roi.

☐ f. D'Artagnan donne deux diamants à la reine

☐ g. Le roi et la reine dansent ensemble.

3 **Retrouvez dans le texte le nom ou le verbe correspondant.**

verbe	nom
fêter	....
crier	....
....	bouton
habiller	....
....	coût
voiler	....

4 **Soulignez la phrase synonyme.**

1. Tout Paris se prépare pour la fête.

   a. Il y aura une fête dans chaque quartier.

   b. Tous les quartiers feront la fête.

2. Ils portent des habits tout cousus d'argent.

   a. Les coutures de leurs vêtements sont en fil d'argent.

   b. Leurs vêtements coûtent très cher.

3. Il veut voir la reine tout de suite.

   a. Il veut voir la reine dans les heures qui suivent.

   b. Il demande à voir la reine sur le champ.

4. Je vous aime de tout mon cœur.

   a. Je n'aime que vous.

   b. Mon amour pour vous est immense.

5. Il sent une présence tout contre lui.

   a. Il a l'impression que quelqu'un va le toucher.

   b. Il sait que quelqu'un s'oppose à lui.

6. Tout à coup, une main se glisse derrière la tenture.

   a. Une main lui donne un coup à travers la tenture.

   b. Brusquement, il voit une main derrière le rideau.

5 *Tout est bien qui finit bien* : cette expression vous semble-t-elle s'appliquer au dénouement de l'histoire ? Oui, non, pourquoi ?

....

....

....

....

À l'époque de l'action des *Trois Mousquetaires*, beaucoup de pays européens sont dirigés par une seule personne (roi, reine, tsar…) riche et puissante. Le roi de France habite avec sa famille dans un palais immense et il est entouré de gens qui l'aident mais qui cherchent aussi à s'enrichir, à obtenir ses faveurs pour recevoir un titre de noblesse, une promotion sociale, une propriété, ou même seulement une décoration, un peu d'argent ou un sourire !

Les personnes qui vivent dans l'entourage du roi forment la cour : il y a les princes, les ducs, les comtes, les seigneurs, mais également des gens du peuple et de nombreux serviteurs. Certains nobles habitent dans le château royal, ont la possibilité de rencontrer le roi et de le suivre quand il se déplace. D'autres vivent plus loin, sur leur domaine. Mais tous veulent être connus du roi. Alors, cela entraîne des jalousies, des rivalités : il faut mentir, se cacher ou se montrer, flatter, tuer un adversaire, choisir entre le roi de France et la reine d'origine autrichienne, entre la politique et la religion… Le cardinal Richelieu dit : « Pour perdre un rival, "tout" est permis ».

À la cour, il y a donc des intrigues, des complots. Les courtisans vivent dans le « paraître » (les vêtements, les bijoux, les accessoires sont très importants), ils sont galants et polis en public mais deviennent égoïstes et dissimulateurs par intérêt.

1 Connaissez-vous d'autres romans qui évoquent la vie à la cour d'un souverain (roi, empereur, tsar…). Citez-en un et expliquez pour quelles raisons vous l'avez ou ne l'avez pas apprécié.

....

....

....

....

2 Retrouvez les mots cachés dans la grille (horizontalement, verticalement, en diagonale).

ADULTÈRE	ESPION	RÉCOMPENSE	SIGNE
ASSASSIN	INFIDÉLITÉ	RIVALITÉ	TRAÎTRISE
COMPLICE	INTRIGUE	RUSE	VENGEANCE
CONSPIRATION	MOT DE PASSE		

						É			
É								E	
							C		
						N			
				A					
				E					
			G						
		N							
	E								
	V			È					
			Î						

3 Auriez-vous aimé vivre à la cour du roi Louis XIII ?

....
....
....
....

La première édition du roman d'Alexandre Dumas, *Les Trois Mousquetaires*, date de 1844. Avant sa parution en livre, le texte a été publié dans le journal politique, économique et littéraire *Le Siècle* sous forme de feuilleton, c'est-à-dire un texte publié en plusieurs épisodes, avec, à la fin de chacun, la fameuse formule « À suivre ». Les spécialistes de la littérature critiquent beaucoup cette présentation, mais cela plaît aux lecteurs : il y a du suspens, on attend avec impatience l'épisode suivant.

Une autre raison du succès de *Les Trois Mousquetaires*, c'est que l'histoire est captivante (intrigue, aventure, Histoire de France humaine et sentimentale, pas trop politique : le roi Louis XIII est présenté comme un être faible, sa femme, Anne d'Autriche comme un être qui se bat avec ses contradictions, Richelieu, le représentant de la religion et de l'Église, comme un individu intransigeant, manipulateur, calculateur, etc.). Le roman est un mélange d'émotions, d'actions, de détails historiques : c'est fascinant et la langue est imagée et concrète. Pour certains, le roman était un écrit pour « enfants », mais il reçoit encore de nos jours l'adhésion de lecteurs adultes. Le succès est tel qu'Alexandre Dumas l'a réécrit dans une version théâtrale et en 1845, le roman est traduit dans une dizaine de langues, une exception à l'époque. Il existe de très nombreuses adaptations cinématographiques et télévisées ainsi que des jeux (de société, vidéo).

1 Comment s'explique le succès des *Trois Mousquetaires* ? Soulignez les bonnes réponses.

1. la vérité et l'exactitude historique

2. la langue savante

3. les relations amoureuses des personnages

4. la version théâtrale de l'œuvre

5. l'accueil des spécialistes

6. le rythme des chapitres

7. les lecteurs enfants

8. les références historiques

9. la publication en feuilleton

10. le suspens de l'histoire

2 Faites une recherche sur un des personnages historiques du roman et comparez-le(la) avec le portrait qu'en fait Alexandre Dumas.

....

....

....

....

3 Quelle critique écririez-vous pour convaincre des lecteurs (enfants ou adultes) de lire le roman ?

....

....

....

....

CHAPITRE 1

1 1, 3, 4, 6, 8, 9, 10.

2 1. Bonacieux donne une lettre à d'Artagnan. – 2. Athos et Porthos montent dans la chambre de d'Artagnan. – 3. D'Artagnan surprend Planchet à écouter derrière la porte. – 4. Des gardes du cardinal arrivent chez d'Artagnan. – 5. D'Artagnan met en garde ses amis contre le cardinal de Richelieu.

3 1. Faux
2. Vrai
3. Faux
4. Faux
5. Vrai
6. Faux

4 1. Je ne vous ai rien demandé.
2. Je ne m'occuperai pas de vous.
3. Ne l'avez-vous pas remarqué ?
4. Je ne suis ni noble ni brave.

5 Pour attirer le duc de Buckingham en France et souiller la réputation de la reine.

CHAPITRE 2

1 1. f. – 2. a. – 3. b. – 4. c. – 5. d. – 6. e.

2 1. a. – 2. b. – 3. b.

3 1. Le roi fait surveiller la maison de beaucoup de gens *depuis toujours*. – 2. *Au bout d'un très court moment*, quatre hommes de la maison de madame Bonacieux sortent en courant. – 3. La Porte s'arrête *après* avoir fait quelques pas. – 4. Athos n'est pas chez lui *à cette heure-ci*. – 5. D'Artagnan arrive au Louvre et trouve Germain *en quelques minutes*.

4 Production libre.

CHAPITRE 3

1 1. Vrai
2. Vrai
3. Faux
4. Faux

2 A : c, d, b, a, e. B : a, c, b, e, d.

3 1. b. – 2. a. – 3. b. – 4. a.

4 Production libre.

CHAPITRE 4

1 1. L'officier de la Bastille. Il est concentré sur son travail. Il interroge Bonacieux et porte des accusations contre lui. Armand-Jean Duplessis, cardinal de Richelieu, un des plus grands ministres de l'Histoire de France. Il a le front large et les yeux durs (comme des épées). Vitray, un messager du cardinal. Madame de Lannoy, une proche de la reine. La duchesse de Chevreuse, une amie de la reine. – 2. Non. D'Artagnan est plus jeune qu'Athos (il a 10 ans de moins). Et, normalement, les deux hommes ne portent pas les mêmes uniformes : D'Artagnan est un garde, Athos est un mousquetaire. – 3. Le cardinal a obtenu de monsieur Bonacieux des informations importantes, des révélations, qui vont lui permettre d'accuser la reine. – 4. Il lui donne l'ordre d'aller au bal donné par le roi, de couper deux diamants sur l'habit de Buckingham et de les lui envoyer.

2 1. a. – 2. b. – 3. c. – 4. a.

3 1. On a *du mal à* dire du bien de cet homme qui n'arrête pas de *dire du mal de* tout le monde et de *faire de la peine* à ses amis. – 2. Cette femme est cruelle : elle *fait du mal* aux gens qui l'aiment. *Ce n'est pas la peine* de l'aider.

4 1. Qu'ils viennent immédiatement ! – 2. Qu'elle attende ! – 3. Qu'elles soient prêtes avant 9 heures ce soir !

5 Production libre.

CHAPITRE 5

1 1. Faux. Il va au Louvre pour se plaindre de la police et des juges.
2. Vrai
3. Vrai.
4. Vrai.

2 1. Il ne dort pas, il pense à la reine. Il se rappelle les dernières paroles du cardinal. Puis il oublie et il s'endort. – 2. Il lui donne l'ordre de venir au bal avec ses plus beaux vêtements et les bijoux qu'il lui a offerts. – 3. Madame de Bonacieux.

3 1. b. – 2. e. – 3. d. – 4. e. – 5. c. – 6. a.

4 a la vie des gens entre ses mains. – a quelque chose sur le cœur. – se mordre les lèvres. – lire au fond de son cœur.

5 1. D'Artagnan part en courant. 2. Madame Bonacieux crie en se jetant entre les deux hommes. – 3. Les gardes sortent en remerciant d'Artagnan. – 4. Le cardinal réfléchit en se mordant les lèvres.

6 Production libre.

CHAPITRE 6

1 1. Faux. Pendant 5 jours -
2. Vrai
3. Vrai
4. Faux. C'est madame Bonacieux qui menace son mari de le faire arrêter.
5. Vrai

2 1. a. – 2. a. – 3. b. – 4. b. – 5 b.

3 idiot, intéressé, malhonnête, menteur, servile, vénal, xénophobe.

4 1. Ménage
2. Frapper
3. Servir
4. Imbécile
5. Haïr
6. Regard
7. Défendre

5 Production libre.

CHAPITRE 7

1 1. d. – 2. b. – 3. e. – 4. a. – 5. c.

2 1. a. – 2. b. – 3. a. – 4. b. – 5. a.

3 1. L'étranger veut boire à la santé du cardinal Richelieu, Porthos veut boire à la santé du roi, Porthos accuse l'étranger d'avoir trop bu. – 2. Athos défend Aramis contre les ouvriers sur la route. – 3. Ils veulent tous les deux utiliser le même laissez-passer pour prendre le bateau pour l'Angleterre. – 4. Il veut être sûr de pouvoir monter sur le bateau.

4 1. Pourquoi cet homme s'est-il attaqué à Porthos plutôt qu'à tout autre ? – 2. Sans s'en occuper plus, d'Artagnan se couche sur un matelas. – 3. Ceux-ci ont l'air d'avoir été battus. – 4. Il paraît que son Éminence veut empêcher quelqu'un de passer en Angleterre.

5 **Communication orale :** *commander, réclamer, insulter, se taire, s'écrier, répéter.*
Mouvement : *se jeter, se pencher, rattraper, suivre, pousser, détacher.*

6 Production libre.

CHAPITRE 8
1 1. Évaluer les diamants et en faire une copie. – 2. Au palais du duc de Buckingham, à Londres. – 3. 4 jours. – 4. Parce que, comme le cardinal de Richelieu en France, c'est le duc de Buckingham qui prend les décisions importantes pour l'Angleterre.

2 1. c. – 2. b. – 3. b. – 4. c.

3 1. e. – 2. d. – 3. b. – 4. a. – 5. c.

4 1. conduit.
2. arraché.
3. emporter.
4. remettre.
5. manquent.
6. gêner.

5 Production libre.

CHAPITRE 9
1 1. Faux. à l'Hôtel de Ville.
2. Vrai.
3. Faux. La reine avait peur qu'on vole les diamants.
4. Faux. C'est le roi qui les compte.
5. Vrai.

2 1. d. – 2. e. – 3. g. – 4. f. – 5. c. – 6. b. – 7. a.

3 fête, cri, boutonner, habit, coûter, voile.

4 1. b. – 2. a. – 3. b. – 4. b. – 5. a. – 6. b.

5 Production libre.

Imprimé en France par la Nouvelle Imprimerie Laballery - N° d'impression : 706272
Dépôt légal : juillet 2017 - collection 04 - édition 02 - 15/5962/4